Legión Viajera

De aventureros y migrantes en una travesía Oaxaca - Baja California

Samuel Bedrich Morales G.

VERSIÓN IMPRESA

9 781794 845626

I

Registro ISBN: 978-1-7948-4562-6
Imprint: Lulu.com
Las ediciones del Andaryego, 2021
Diseño de portada: Luis Alberto Mendoza

Encuéntrame aquí: https://andaryego.com
Para correspondencia: samoralesg@gmail.com

Para citar este texto:
Morales, S. (2021). Legión Viajera. De aventureros y migrantes en una travesía Oaxaca - Baja California. Ediciones del Andaryego.

Yo soy como la cigarra.
Tú, como la hormiga.
A veces tengo frío, hambre y sed,
mientras tú trabajas para no perecer.

Yo le canto al viento y al sur,
endulzo tus oídos con música y palabras,
te cuento de otros mundos y personas,
y acepto, honrado, tu cobijo.

Me gusta vivir ligero y saltar.
Con frecuencia suelo pensar
que en este mundo cabemos los dos;
que nos completamos,
y que podemos uno del otro aprender.
(Bitácora de viaje. Enero 2019).

INTRODUCCIÓN [que se puede evitar]. Viajeros y migrantes.

Migramos - Bajo la misma luna - Chatwin - Bauman - Clifford - Mi teoría -
Mi historia

> *Viajar debería ser cosa de otro*
> *concierto, estar más y andar menos, tal*
> *vez incluso debería instituirse la profesión*
> *de viajero solo para gente de mucha*
> *vocación, que mucho se engaña quien*
> *piense que será trabajo de pequeña*
> *responsabilidad, cada kilómetro no vale*
> *menos de un año de vida.*
>
> Saramago. Viaje a Portugal. (Nota de 2004)

De los libros que leí en los últimos tiempos, "Bajo el Sol. Las cartas de Bruce Chatwin" es uno de los que me secuestraron y absorbieron sin tregua. Me di de frente con él, en el estante de una librería de la Ciudad de México, mientras buscaba su relato de viaje a la Patagonia, necesario para la escritura de mi primera y única novela.

No sabía mucho de Chatwin, salvo que había escrito un libro sobre su búsqueda por el sur de América y que era incansable. Hoy tendría setenta y nueve años, nada imposible para un ser humano en el siglo XXI, sin embargo fue de esos que parten temprano, una vez que cumplen con la tarea que se han encomendado. La de él fue viajar y descubrir el mundo a su antojo y ritmo, pero con un objetivo: estudiar las últimas culturas nómades[1] y preguntarles por qué viajaban, qué les hacía desdeñar los hábitos de sedentariedad de los demás, por qué no se resignaban a quedarse quietas y echar raíces, *como todos los otros.*

Chatwin fue, durante los cuarenta y tantos años que logró vivir, su propio sujeto de estudio: siempre tratando de entender a los humanos

---

[1] En Argentina se emplea "nómades" y no "nómadas", como en México. Suplico el derecho de uso, no solo por gusto fonético, sino por el lindo sentido que aporta la fluctuación de una palabra que, inherente al incesante desplazamiento humano, se recompone y transforma en su deambular.

1

sin reposo, a los seres de pies ligeros que prefieren llevarlo todo en una bolsa, en el lomo de un animal o simplemente andar sin apegos. Dicen que los que viajan lo hacen porque se están buscando, porque no han hallado lo que es suyo: un espacio propio, su identidad. Otros, como él, eran el opuesto, el escape del ego: "cuando me preguntan por qué viajo, suelo responder que sé muy bien de qué huyo, pero no lo que busco" (2012:18).

Así era Chatwin: un personaje *sui géneris*. Comenzó como ayudante en Sotheby's y generó habilidad para viajar, pero también para reconocer piezas de valor, que le permitieron hallar el modo de desplazarse. Luego fue valuador, estudiante de arqueología frustrado y después se dio cuenta de que investigar, viajar y escribir le apasionaba todavía más. El bicho del movimiento, que se transmite en las formas más inconexas, lo llevó por el Nepal, la India, América del Sur, Europa, África, Medio Oriente y una larga lista de sitios extraños en los que dio rienda suelta a dos cosas: la reflexión sobre el nomadismo y la escritura.

Y es que ambos están irremediablemente unidos: son medios de cambio. Peter Levi, amigo y consejero de Chatwin describe así la relación de este último con la escritura:

> En ese momento se hallaba inmerso en el proceso de transformación para dejar de ser arqueólogo y convertirse en escritor, y, en la medida en que aceptó que lo aconsejaran, fui yo quien le recomendó que llevara a cabo el cambio. Yo creo que uno escribe para cambiarse a sí mismo. Él estaba tratando de crearse una nueva vida y ser escritor. (2012:110).

Escribir y viajar. Para mí también llegaron juntos. A los dieciséis o diecisiete años hice una de mis primeras salidas en solitario: vivíamos en Taiwán y después de trabajar cuatro o cinco meses en la oficina comercial y de asuntos culturales de Bancomext en Taipei, junté dinero para ir a Japón. Sí, tenía experiencia previa, pero no en solitario, y menos a un lugar perfectamente desconocido. No recuerdo haber sentido miedo, solo curiosidad, simple curiosidad. Sí recuerdo la libreta que llevaba: era pequeña, con un logotipo de la universidad en la que trabajaba mi padre, *Tamkang University*. Mi madre me dijo que debería anotar ahí mis vivencias y eso hice. Obedecí y tomé notas. Ese sería, desde entonces, mi *modus operandi*: anotar en hojas, servilletas, etiquetas de cerveza o en libretas, mis experiencias. Algún día esos

fantasmas tendrán que decidirse a salir. Serán páginas y páginas, aunque me temo que no se ajusten a lo que hoy llamaría calidad.

Pero no fue ahí donde atrapé el virus del andar. Creo que lo pesqué tiempo antes, cuando tenía uno o dos años y me llevaron a pasear por Europa en carriola y canguro. Por la narración que me hicieron, pienso que fue en Holanda, después de visitar un hotel de cinco estrellas, el históricamente famoso Krasnapolsky, en plena Plaza Dam. Ahí debo haber sentido un mareo o un malestar enorme, porque decidí vomitar sobre la alfombra del afamado hotel. Debe haber sido mi primera reacción al virus… y a la alta cultura.

Yo no tuve la culpa, solo seguí. Muchas partes de México, algunos países de Europa –donde incluso viví– y después Japón, para esa anécdota inaugural en solitario. Pasó luego cierto tiempo y decidí que tenía que estudiar. Mientras mi familia recorría Asia, yo me hacía de una carrera en una escuela cara. No salí de México, ni de mi tierra, hasta que concluí mi licenciatura.

Por ahí de 1997 me di cuenta que sí. Que estaba infectado en verdad: era lo único que me entretenía al grado de hacerme volar, y desde entonces solo he buscado pretextos para salir de mi cotidianidad. En 2003, en vísperas de iniciar mi travesía motociclística y patagónica recordé a Jerôme, el chico que le puso nombre a la enfermedad que ignoraba padecer. Así lo anoté en mi diario:

"Ayy... vida mía. ¿Me será posible dejar de viajar?

Creo que se llama (o se llamaba, ¡sabe qué será de su existencia!) Jerôme. Lo conocí en Halifax, y fue el primero en hacerme ver que el vicio que tengo es real. Tal vez me habrá visto reflejado en él, o se habrá visto reflejado en mí. Hoy comprendo que si algo había en sus palabras era una confesión, una aceptación, el reconocimiento de esta verdad absoluta: viajar envicia. Y no se puede dejar.

Tomas una carta geográfica y arrancas un proyecto; cierras los ojos sobre ella y ya estás trasladándote. No importa si es un lugar conocido: seguro lo quieres volver a ver "por si ha cambiado" o "por si no", da igual; si es un lugar incógnito solamente lo quieres imaginar, sin dejar de pensarlo...

> *Si es Groenlandia, te dices que alguna vez, hace muchos años, estuviste a punto de alcanzarla, y recuerdas que paraste ahí para una escala técnica. Si es Asia, lo único que pides es tiempo para visitarla; Europa jamás se termina: siempre hay algo que quisiste ver. Si es tu país, no es solo una necesidad, sino un remordimiento patriótico: ¿por qué conozco otros lugares si no he viajado por mi país?*
>
> *¿Es que el tiempo que tenemos de vida podrá ser suficiente para que algún día digamos que lo hemos visitado todo? ¿Es que este vicio puede tener un final? Una adicción así es incontrolable... y vas por más, quieres nuevas correrías... ¿Será que deberé adoptar el nomadismo por profesión?*
>
> *Estoy perdido en el mundo. No sé si deba tener límites, si deba de poner un freno al instinto viajero. ¿Hay un momento correcto para sedentarizarte? Existen quienes han nacido para ser sedentarios, lo sé, pero ¿existen –fuera de quienes nacen sin hogar– hombres originalmente sedentarios que sean nómades toda su vida?*
>
> *Soy víctima de una necesidad indómita de aprender, de viajar, de conocer, de leer. No veo el momento en que he de parar. ¿Hasta cuándo puede ser correcto? Si la locura no tiene límites, si la animalidad humana no deja de sorprendernos... ¿Cómo hacer para encontrar el mentado punto medio?"* (Bitácora de viaje a la Patagonia, 2003).

El virus se extendió por cada uno de los poros de mi piel y evolucionó: dejé de pensar en tramos largos, desarrollé un ánimo migrante. Cuando vuelvo a mis libretas, bitácoras, memorias o recortes de papel, los noto plagados de la misma enfermedad: frases cortas en tinta de diversos colores, letras pequeñas o grandes, a veces más remarcadas, otras ligeras, casi invisibles. Las palabras que más regresan son "Vete ya", "sal de aquí", "intenta tu vida en otro lugar", con múltiples combinaciones. Algunas son apasionadas, otras evidencian la resaca o los resabios de una fuerte discusión, pero llevan al mismo destino: salir, huir, escapar.

Sí, podría ser un sujeto de estudio. Cuando muera, donaré mi cerebro. Estoy seguro que le encontrarán un alto contenido de construcciones infantiles: un Barón de Munchausen, un Miguel Strogoff, un Hijo del Pirata, trozos de Tintin y hasta del patito feo o Tom Sawyer; Orwell

estará atravesado cerca del cerebelo, Flora Tristán incrustada en el peruano occipital, Bioy en el hemisferio izquierdo sureño y hasta habrá un jesuita cerca de la sien. Qué complejo.

La enfermedad alcanzó la "categoría dos" después de la Patagonia: bajo el pretexto de estudiar me pasé cuatro años por el Perú y tres en Argentina. Al volver a México, lleno de dudas sobre la elección, decidí intentar el sur del país. Lo que pasó en esos espacios, ya no como viajero, sino como migrante, podría ser materia de otro texto, pero baste decir que no, que aunque el sedentarismo y el nomadismo se enfrentan con frecuencia en la cuarentena, mi mal no disminuye. De hecho, temo que se exacerbe.

Migramos

Y entramos en la modalidad dos; tal vez la tres o cuatro, ahora que pienso en la "clasificación" de la Organización Mundial de Turismo, que solo habla de visitantes y turistas.

Replanteemos: la primera sería *el visitante*. Ir a algún sitio desde el punto de origen para volver el mismo día. Una especie de exploración perruna del barrio; la segunda sería la que se les da a los premiados del sistema: unas cuantas migajas de *vacaciones* por día trabajado, una especie de sello de abejita en la libreta de la vida. "Pórtate bien y tendrás derecho a un Cancún por año". Por supuesto, su intensidad depende proporcionalmente del esfuerzo laboral y la economía generada.

La tercera modalidad es *la de distancia*, del "aventurero" que parte sin rumbo fijo, ni tiempo predestinado: abordará su autobús, bicicleta, auto, camper, motocicleta o patín del diablo y se irá hacia alguno de los cuatro puntos cardinales –con mapa o sin él, con brújula o sin ella– y en función de sus ahorros, ánimos y trayectoria personal pasará días, meses o años en la ruta. La Odisea puede ser larga, constructiva, pero sin duda logrará despertar emociones, intereses y pasiones antes desconocidas. Yo digo que es el mejor intento de dejar el pasado momentáneamente detrás, sin correr el riesgo completo de abandonarse, porque al final –tarde o temprano– volverá a su Penélope y a su Ítaca.

La cuarta modalidad es *la migración*. Es parte del viaje porque inicia con él, pero se desvincula porque implica situaciones ajenas al turismo. Puede hacerse de maneras muy variadas: una migración planeada permite saber a dónde se irá y de qué se vivirá; una migración forzada te llevará a un sitio desconocido en el que tendrás que arreglártelas a tu modo. Migrar, sea de uno u otro modo, implica establecerse en un nuevo espacio, tomar la decisión de lo que se quedará y lo que se llevará, obliga a relacionarse con nuevas personas, a comprender costumbres, y podría implicar –depende del migrante– aligerar la carga personal.

Existen, por supuesto, formas más modernas que estas cuatro: sería imposible hablar de ellas sin prestar –así sea rápidamente y de manera superficial– atención a Clifford o a Bauman. El primero, James Clifford, mostró desde los años noventa, que las personas estamos dejando de "ser de un lugar" (provenir de un sitio particular) para vivir "entre lugares", saltando de un sitio a otro y reformulando nuestra identidad en cada ocasión. Su libro "Itinerarios transculturales" es un hito en el trabajo etnográfico pues deja de focalizar en el lugar de estudio para dirigirse al estudio del hombre en movimiento. Por supuesto, el autor insiste que no todos los humanos lo vivimos igual: están los que permanecen *de hecho*, frente a los que se desplazan.

Justamente en este campo, Zigsmund Bauman –el enorme sociólogo del posmodernismo que acuñó el término de la *Modernidad Líquida*– explicó en su libro *La Globalización*, que hoy (tal vez debería decir *ayer*, pues aunque reciente, tiene más de veinte años) los hombres ya no nos dividimos en clases sociales, sino entre tipos de personas: los que se mueven y los que se quedan. Para Bauman, se marcan claramente estos dos estereotipos que gozan o sufren el fenómeno de la mundialización: de un lado, quienes hablan más de un idioma, y cuentan con capital social y cultural que les permite moverse entre burbujas sociales. Personas que no sienten un fuerte apego a un solo espacio, sino a la actividad que realizan: hoy en Londres, mañana en México y la semana siguiente en Pekín, haciendo uso de su habilidad de adaptación a un mundo que exige dos o tres idiomas para ser "exitoso", en sitios donde la occidentalización ha permeado de tal forma que es posible encontrar condiciones –y comodidades– homogéneas.

Del otro lado, dice Bauman, están *los que se quedan*: los que carecen de esa formación, de ese capital intelectual o social, para subirse a la

dinámica de un mundo capitalista en constante expansión. No son damnificados –al menos no todos– pero están limitados a las condiciones del espacio en el que viven. Si antes decíamos "le falta barrio", a ellos les sobra localidad.

Naturalmente, cada uno puede llevar una vida feliz pero Bauman, me parece, intenta recalcar que uno representa la apertura y búsqueda de lo nuevo, de los problemas globales y las soluciones mundiales, mientras el otro, donde se generan resistencias frente al primero, es el grito de las voces aisladas, las que no escuchan el concierto global y que si bien se encuentran ocasionalmente en el nodo de alguna red en el mundo, no son ellos quienes lo usufructúan (pensemos, por ejemplo, en los campesinos mayahablantes de las cercanías de Chichen Itza, que la mayor parte de las veces solo ven desfilar a los turistas, pero nunca –o casi nunca– disfrutan de las mieles de París, o Cancún). Que quede claro que no estoy calificando buenos y malos, sino que intento, parafraseando a Bauman, señalar que viajeros y migrantes son parte de una de esas dos categorías.

Sí, es teoría. No obstante, nada impide que haya una multiplicidad de variantes: los estudiantes que pasan un tiempo en un lugar y después vuelven a su tierra de origen, o los norteamericanos que pasan la mitad del año en su verano neoyorquino y su invierno en las playas de Baja California. Esto, sin dejar de pensar en algunos de nosotros que más de una vez hemos emprendido la graciosa huída de la tierra natal para volver a ella años después. Las formas modernas de viajar –ya no como salida vacacional, laboral o médica, sino como fenómeno social– se amplían sin fin y lo seguirán haciendo en la medida que este mundo se haga cada vez más pequeño, por la velocidad de los transportes y la penetración de rutas en regiones rurales o suburbanas.

Bajo la misma luna

Pero, ¿a qué vienen cinco páginas cargadas de teoría, de Chatwin, Bauman, Clifford y de resabios doctorales? Seguramente las debo a mi *de-formación* académica, pero también a mi intento de fijar un marco sobre los viajeros, sus formas y orígenes: a un interés inconsciente de clasificar la variedad de migrantes y trotamundos, al tiempo que intento marcar los que he sido en las etapas de mi vida:

migrante en Oaxaca o Buenos Aires, visitante y turista en Irlanda, Nueva York o Nueva Delhi, local en Toluca.

Hoy, desde un puesto de observación único, una ciudad que se precia de su patrimonio y de sus costumbres ancestrales, pero que al mismo tiempo toma años en adoptar un cambio, vivo la migración. Es Oaxaca, como muchas, una tierra de disonancias en la que se entrecruzan las vidas de turistas y migrantes con las ideas del sitio donde habitan. Así le pasa, por ejemplo, al *diseñador chilango* que llegó a Oaxaca enamorado por su artesanía y sus movimientos sociales, puso una empresa para impulsar sus productos y hoy se enfrenta a la discordancia de aplicar mecanismos capitalistas para exportar, mientras intenta preservar las formas de producción ancestrales.

O al oaxaqueño que se fue diez años a Puebla para estudiar la maestría y licenciatura, que al volver trae consigo una franquicia de hamburguesas o helados *innovadores*, pero que se topa de frente con su propia comunidad, que le cuestiona la pertinencia de estos productos, que nada tienen que ver con la *tradición local.*

¿Qué decir del norteamericano que llegó para gozar de su jubilación después de trabajar años en una universidad de Massachussets y es ahora un ferviente defensor del localismo, frente a la globalización? Las imágenes contradictorias se suman, se sobreponen, se enfrentan, debaten, pugnan y se chocan con los viejos paradigmas. Sí, bien lo dijo mi padre: "la cultura es como el durazno: terso y brillante por fuera, dulce y agrio al interior, con una carne deliciosa para saborear, pero con una semilla dura en el centro, imposible de morder o deshacer".

Podríamos sumar decenas de ejemplos: el hippie de los semáforos que se queda tres o cinco semanas en la ciudad, la familia norteamericana que se instala por seis meses para mostrar a sus hijas "el otro lado del muro", el nuevo empleado del gobierno municipal que viene desde Jalisco para aplicar sus conocimientos de turismo y gestión patrimonial, el especialista en bellas artes o mezcal que encontró acá una forma de escapar de su cotidianidad urbano-citadina, e incluso el migrante de uno de los otros quinientos sesenta y nueve municipios del estado, de habla zapoteca, zoque, mixe o mixteca (por mencionar cuatro de las dieciséis lenguas vivas del estado), que decidió que *en la capital* tendría mejores oportunidades.

En definitiva, una lista como ésta debe incluir –para no cerrar esta relación sin mencionar a otro personaje– al niño que partió ilegalmente hace veinte años con su familia a Estados Unidos y decidió volver para instalar una pequeña empresa. Crisol de migrantes y viajeros que viven en el mismo espacio, pero no siempre se cruzan física e ideológicamente: muchas veces cada uno radica en su propia burbuja, asustado de la rareza *del otro* y de sus raros hábitos. No es de extrañar que, cuando esos seres diversos se encuentran en un mismo espacio o proyecto, suceda un *big bang,* un choque cultural, que cree un planeta o lo destroce por completo. No en vano me espetó alguien –un poco en broma, un poco en serio– cuando debatíamos algo que ni recuerdo, la estupenda frase: "¿Cómo lo quieres discutir, sencillo o quesillo?"[2]

Y vivimos bajo la misma luna. Bajo el mismo sol. Contaminamos juntos el planeta y hemos llegado al punto de darnos cuenta que estamos tan lejos que estamos demasiado cerca: nos unimos en tribu según el animal que queremos cazar, y al mismo tiempo nos cambiamos de clan según el interés comunitario o político del momento.

¿Pero qué digo? Me pierdo en mis monólogos, en mis disquisiciones. Solo quería poner un marco y dar un punto de partida. Me enredé en la riqueza oaxaqueña, en sus miles de sitios arqueológicos, la magia de su comida, la riqueza de sus expresiones culturales, la complejidad de sus movimientos políticos e indígenas, la grandilocuencia de sus sitios religiosos y la irreverencia de sus alebrijes.

Yo solo quería trazar el inicio de un suceso y me quedé hablando de un lugar. Justo como en mi vida: venía por paz y me quedé –por primera vez en mi cronología personal– más de ocho años en la misma casa, en la misma ciudad, intentando incluso ser local, aunque pronto

---

[2] Para quienes no están familiarizados con lo oaxaqueño: el quesillo es una variedad de queso también llamado "queso Oaxaca" (descendiente del *mozzarella*), cuya particularidad es formar largos hilos que se envuelven en una rueda para hacer –prácticamente– una madeja. Entre los locales, es costumbre decir que son "enredados como el quesillo". Por supuesto, esta afirmación tiene una connotación jocosa entre coterráneos, mientras que viniendo de un externo puede llegar a ser ofensiva.

descubrí mi utopía: un fuereño, podrá, cuando mucho, ser *avecindado*. En fin, quería hablar de categorías y me perdí preguntándome qué soy.

Quería decir que aquí se hablará de viajes y migrantes. No, no de todos, sino de uno en particular, que se inició y terminó en Oaxaca, pero cuyo recorrido tomó ocho mil kilómetros, una motocicleta y más de un mes. Voy a hablar, querido lector, de una aventura que tuvo por finalidad recorrer la Baja California, y se fue convirtiendo en un libro: hablaré de personas con quienes me crucé, y esto incluye a quienes encontré en el espacio de mis razonamientos, en *horas casco*, de "exacerbación de la individualidad", en tiempos únicos e irrepetibles en los que quisieras cargar con una grabadora de pensamientos.

Voy a hacer una especie de narración con personajes reales, un relato con toque de ficción latinoamericana, solo contando lo que vi, escuché y pasó por mi cabeza. Por favor, no me culpen si algunos personajes o paisajes parecen emanados de un libro de Alejo Carpentier: yo no los hice, América Latina los creó. Yo solo los hallé en mi andar y trato de describirlos, de traerlos a su mesa de noche, porque sé que muchos de ustedes no podrán, no querrán, repetir andanzas como ésta.

Una advertencia final: esto no es un libro para motociclistas, con kilómetros detallados, conteo de topes, baches o estaciones de servicio; tampoco es una serie de entrevistas con personajes raros. Es un híbrido de crónica con reflexión socioantropológica, y *Road Trip*.

Les suplico no asesinen al mensajero por su impureza e impericia: él únicamente quería contarles que descubrir su propio mundo a los cuarenta y tantos puede ser igual de rico que lo que vio Cortés el primer día que pisó América, aunque acá, por suerte, no hubo sangre.

Nota al mes de septiembre de 2021

Este libro se inició en 2019, a poco tiempo de volver, no obstante llegó a un punto muerto con esa pandemia que nos arrasó en 2020. De pronto, no tuve más qué decir y sentí que el texto no tendría más valor. Me pregunté, al mismo tiempo, si sería uno de los últimos relatos que haría.

Para mi fortuna, no. En la fecha que da título a este apartado, decidí de nuevo poner pie a tierra y *mano en texto*, como una nueva forma de

rebeldía, como una manera de decir que no estoy de acuerdo con la reclusión, mucho menos con la sedentarización.

Son tiempos de cambios en los que anticipo un movimiento personal que logrará desenraizar ocho años de pasmo; que me dará nuevas alas hacia la reincidencia. No sé si más corta o más larga, pero es obvio que no será como las demás. Estoy seguro, no obstante, que me devolverá al nómade que hiberna en mí, el que se recluyó de manera defensiva, frente al avasallamiento del miedo y la paranoia por *los otros,* vacunados o no.

Capítulo 1. La Baja

El origen del viaje - Largar las amarras - Primera noche al descampado

> *Volvamos pues al viaje, volvamos
> entonces a la libertad. Al ejercicio de la
> paciencia, de la tolerancia. Volvamos a la
> libertad de los textos.* (Primera página de
> mi bitácora. Mazatlán, Sinaloa. 6 de enero
> de 2019).

El origen de este viaje

Un día te bañas como *pashá* en un club fresa de la *high* y otro en unas duchas de agua fría en el mar… Días más tarde, en un baño que no han limpiado en meses, y dos semanas después, con una cubeta de agua. Eso es vivir.

Dépayser, salir de la burbuja, salir de la monotonía, hacer algo distinto, aunque no te guste: liberar, sentir, hablar con otra persona. Hacerlo, antes de que sea demasiado tarde, antes de que el futuro te alcance, de que la ola llegue, que la pandemia te enclaustre. ¿Qué es, si no, la vida: solo la monótona repetición de tu medio de subsistencia, *ad infinitum*? ¡Que me aspe un rayo! –habría dicho el capitán Haddock– si tengo que resignarme a quedarme quieto.

¿Por qué viajar así, ligero y sin más ánimo que partir para aprender y descubrir? ¿Por qué, pudiéndolo hacer, la mayoría opta por el viaje en la burbuja, aquel que solo te desplaza, pero no te lleva a una nueva cultura, a un grupo social distinto, a una vivencia singular? Porque no a todos nos enseñan a viajar ligero, a perdernos, a soltar para re-aprehender.

Aprender de otros; desaprender de sí. Hoy en una cervecería en Ensenada, charlando con artistas locales y promotores culturales, mañana acampando en la nieve, en el Observatorio de San Pedro Mártir, tras horas de extenuante carretera e interminable frío. Eso es la odisea: la oportunidad de partir, no la certeza de llegar. El amor por conocer gente.

Hubo dos preceptos centrales en esta travesía. El primero, hacerlo en motocicleta: partir de la Ciudad de Oaxaca, llegar a Tijuana por la Baja California, y volver a través de los estados de Sonora y Sinaloa. El tiempo no era el límite, sino el presupuesto; el segundo, pagar la menor cantidad posible de noches de hotel. Sí, por la necesidad de ahorro, pero también por filosofía: el punto era conocer al mayor número de personas, para recoger sus vivencias. En ello, la plataforma *Couchsurfing* fue de gran apoyo, aunque no central. Me permitió conocer a nuevas personas, pero no logré usarla tanto como intenté. De una u otra forma, mi red personal de apoyo, generada durante años, fue también mi propio *couch*.

El texto que aquí te presento –corolario de esta expedición– tiene un objetivo adicional: intercalar, en estas historias de un trayecto vivido, otras, las que me contaron quienes conocí. Tal vez ficticias o no del todo reales, pero emanadas de lo que escuché y no siempre pude comprobar. Nada inventé.

En 2018 llevaba 5 años viviendo en Oaxaca, luchando por ahorrar y poner a funcionar un negocio, sin que ninguna de las dos pudiera conseguirse. Antes de volverme loco decidí quemar ahorros para paliar el ataque de sanidad mental: lo que no había pasado, no pasaría ese año, y lo guardado, para una buena causa serviría. Mi conciencia se había removido también porque ese año –o el anterior– había publicado mi travesía por la Patagonia. El virus del viaje regresaba, a pesar de su adormecimiento mezcalero. Había que darle rienda suelta.

Así como confirmo que "el mejor estado de una pareja es el noviazgo", tengo la certeza que el mejor estado del humano es el nomadismo. Viajando con mochilas ligeras, se inventan menos apegos y se evita el sedentarismo que termina por hacerte intolerante *al otro*, al migrante, al fuereño.

Por supuesto, todo *partir* implica *volver*. En mi caso, es el tiempo que aprovecho para poner por escrito lo vivido, por el simple gusto de compartirlo con quien se tome el tiempo de leerlo. El problema es que al regresar primero se debe aterrizar, luego reincorporarse a un modelo de vida profundamente opuesto a lo experimentado, y finalmente hallar el tiempo –y el ánimo– para contar, describir, relatar. Porque tarea es vivir y hacer, pero más trabajo es dejar constancia.

Cada vez que me toca contar me pasan dos cosas: la primera es que me hago más viejo al hablar de un pasado al que no quisiera retornar –preferiría estar creando un nuevo futuro– de miedo que la nostalgia se me incruste en la conciencia; la segunda es que –parafraseando a uno de esos amores de la vida que me pasaron por la nariz sin que me diera a la tarea de atraparlos– me da pavor abrir mi mochila, por el temor de que se me escapen las memorias, de que salgan volando a otros mundos: carezco de los unicornios de Murakami para almacenar las vivencias.

La Baja, mítica.

Entre los motociclistas siempre hay sitios míticos: El Espinazo del Diablo, La Rumorosa, La Patagonia, La Ruta de la Muerte de Bolivia, La ruta 66, La 101 de California, Alaska a Sudamérica, *La Baja...*

Como uno de ellos, soy también unególatra que viaja para poner en el mapa su marca y su *"yo ya fui y estuve ahí"*; tan básico como los perritos que mean su territorio para dejar constancia de su paso por el mundo. Compartía igualmente las ganas de recorrer la península, quería verla por mí mismo, que nadie me la contara.

"La Baja 1000" es una carrera de *rally* en la que se recorrían mil millas entre carreteras de campo traviesa y pavimento. En la publicidad se muestra el desierto con miles de cactus y sin presencia humana, bordeado por el Mar de Cortés: azul profundo, libre de terrícolas y saturado de ballenas gigantes; se habla de calor, de reto, de sitios intransitados, *off the beaten path*. ¿A quién, que le gusten las emociones en dos ruedas, no podría atraerle esto? Insisto: soy raro, pero al final, humano y básico.

Más allá de la moto, tengo memorias creadas sobre La Baja, al estilo de *Blade Runner 2049*: dicen que un día tuve tres años y fui en un barco pesquero con mi familia a un paseo de una ¿o dos? semanas por el Mar de Cortés. Se cuenta que disfrutaba del calor mientras otro niño se quejaba de que no había perros en el barco para darles la comida que él no quería. Se menciona que viajaban también mis abuelos y se afirma que la esposa del capitán bajaba todos los días por la escalera del barco, armada con su visor, esnórquel y canasta, a unos cuantos metros de profundidad para cosechar langostas, pepinos de mar, ostras... Así entendí el significado de "frutos del mar".

Nada de eso recuerdo, pero a veces son más fuertes las historias que la misma acción. Tan potentes que las imaginamos como si fueran memorias propias. Estuvimos, sí, pero los recuerdos no son nuestros.

Sé que visité, admito que la señora recogía la naturaleza marina como en un jardín de frutales, y afirmo que lo viví aunque no lo recuerde. Quien lo dude, puede preguntar en la capitanía de puerto de La Paz, BCS., por el buque del capitán Richard Aldcock, aquel que era guardacostas gringo y adaptó para turismo, en algún momento de 1975 o 1976.

Una vez más en mi vida, esta vez en la cuarta década, se me cruzaron los imaginarios, la motocicleta, el tiempo y el irresistible llamado del andar, e hice de nuevo la maleta –aunque esta vez dejé el baúl– para atender lo que me recomendó Bioy Cáceres a mis veintitantos:

> *Hay que ser el que uno es. Nada amarga tanto como una doble vida.*
>
> *Para alcanzar la muerte no hay vehículo tan veloz como la costumbre, la dulce costumbre. En cambio, si usted quiere vida y recuerdos, viaje. Eso sí, viaje solo. [...] Imíteme quien se anime; como yo, bese anteayer a la Gorda, a los chicos y con el pretexto de que la compañía lo manda, parta al infinito azul...*
>
> Adolfo Bioy Cáceres, Un viaje o el mago inmortal. (Apunte de 1998).[3]

Si algo me pesa es el miedo a la costumbre. Siempre he temido ser el viejo que cuenta mil veces la misma anécdota; por eso no paro, para

---

[3] Nota: Este texto se enriquece con un recorrido por mis libretas-bitácora de otras vidas y recuerdos. De vez en cuando encuentro una frase que me parece acomodarse en el texto, y la traigo a la vida. Esto supone, por supuesto, un esfuerzo adicional de debate entre nostalgia y memoria.

tener mil relatos que contar. A diferencia de otros escritores, no me inspiro solo investigando. Lo he de vivir, palpar, sentir, sufrir. Cuando David Harvey me confirmó que el ser humano es monótono por definición, me dejó claro que no, que yo no quería una vía así. La mía, a pesar de lo difícil que sea cargar una casa del caracol con el tobillo derecho hecho mierda, será una vida de nómade, para no morir aplastado por el techo de una losa de concreto.

Un día de enero, la vida me puso de nuevo en ruta: esas malditas ganas de dejarlo todo fueron el motivador final. El plan era salir de Oaxaca, pasar en mi tierra natal las fiestas decembrinas para el consabido baño familiar, y enrumbar hacia el noroeste mexicano: Jalisco – Sinaloa – Baja California Sur – Baja California – Sonora – Sinaloa – Jalisco – Estado de México – Morelos – Puebla – Oaxaca. Nueve estados, dos ruedas, tienda de campaña, estufa a gas (prestada), *sleeping bag*, cámara, celular, herramientas para la moto y una especie de *déjà vu* –aunque más largo– de tres lustros antes.

Largar las amarras

A pesar de la experiencia, éste sería distinto. A mis cuarenta y cinco, el mundo giraba más lento. Quería salir del espacio común. Esa era, sin duda, la motivación principal: perderme en mi casco, dejar la comodidad de mi casa, olvidar la cotidianidad, lo que se hace para sobrevivir y pagar la renta; tenía que dejar de repetir las nimiedades de la vida común: trabajar, cagar, dormir y beber.

A diferencia de otros, mi estilo va en retroceso: en lugar de comodidad, quiero salir de ella; en lugar de seguridad, quiero espacios para acampar, el alojamiento de amigos de los amigos, de desconocidos; a cambio de una buena cama, busco gozar de mi carpa y dormir en la arena. Me conformo con sentir el viento en la cara al despertar, me interesa no saber a dónde ir, el estrés de llegar a una ciudad de noche, cruzando sus calles oscuras y solitarias. Vivir.

Si en mi andar por la Patagonia había usado dos veces mi tienda, quería que esta ocasión (llevaba la misma carpa, quince años después) se desgastara, tomara aire, se llenara de arena y lodo. Soñaba con que la lámpara de la noche iluminara el espacio, con las estrellas como cobijo.

¿Y sabes qué, querido lector? Lo logré.

En honor a la verdad, confieso que me esforcé en evitar los hostales de mochileros. No por desdén, sino por precaución: se trataba de vivir el país, no de vivir *su* país, *su* vida o *su* ego. Quería hacer un itinerario alterno, con personas de carne y hueso; tenía que comer lo que la gente come, las delicias locales. No la pasta con catsup de los mochileros de veinte años: ese viejo *yo* había quedado en el pasado.

No llevaba una *Lonely planet*; sí un celular con Google Maps, que el noventa por ciento del tiempo fue útil para encontrar mi rumbo; *Trip Advisor* fue, en contadas ocasiones, también de auxilio, pero en la enorme vastedad de mis dudas, me dirigí al más arcaico medio de comunicación: la palabra, el gesto, el saludo, la pregunta directa. "Señor, señora, ¿me podría dar una indicación o una recomendación?". Eso es la realidad.

¿Planeación previa? Sí. Un mapa, una hoja con los nombres de algunos lugares que me sonaban por fonética, porque tenía un conocido o recomendación, o por curiosidad. Cero reservaciones. Ni siquiera la forma de la bitácora fue la misma: no más anotaciones al detalle, solo un esfuerzo de memoria, diagramas y fotografías, que vuelvo a transitar en la medida que escribo.

El siete de enero de 2019 crucé de Mazatlán, Sinaloa, a La Paz, Baja California Sur. Lo que había pasado antes, entre Oaxaca y Mazatlán fue parte de las vacaciones, no de mi labor de viajero:

> *No sé cuándo o cuántas veces les pedí a los Reyes Magos que me regalasen una aventura... tampoco recuerdo cuántas veces me lo cumplieron.*
>
> *A pesar de haber salido hace más de quince días de casa, hoy inicia la etapa mágica, la que Calle 13 llamaría "Sin Documentos": sin prisas, sin agenda, sin más expectativas que la libertad de moverse y escribir.*
>
> *Hace años que no tengo libreta que llenar. O sí: tenía libreta, pero no tenía viaje; o no: tuve viajes pero cortos, agendados, precisos, de trabajo. No "reales": con instantes de zozobra, espera, escritura; de esos en los que te preguntas*

si tu moto entrará en ese barco gigante que tiene todos sus espacios vendidos. Excursiones con preocupación inicial y liberación final, en las que te dices que si no es hoy, será el día siguiente: que no hay nada que no pueda esperar; que tarde o temprano, tu barco zarpará.

Solo es cuestión de paciencia. (Bitácora de viaje. 6 de enero de 2019).

Adiós, cariño

Mazatlán había sido lo más parecido a unas vacaciones Categoría Dos ("empleado del sistema"). Llegué con mi novia –mi última relación seria– después de un suave trayecto desde Guadalajara, donde habíamos pasado año nuevo con viejos amigos.

Primero nos hospedamos en el *studio* (vacío) de veinte metros cuadrados de su familiar, luego éste volvió y decidimos que tres era demasiado: conseguimos un hotel –a la mierda la vida salvaje, ya tendría tiempo para vivirla solo– y tuvimos un viaje de pareja hasta que llegó el momento de llevarla a la terminal de autobuses para que volviese a casa: "Se me está haciendo tarde / Y empieza a refrescar / Y se está nublando el cielo / Y nos vamos a mojar / Adiós, cariño; adiós, mi amor", habría dicho Radio Futura.

Nunca te volví a ver, amor.

¿Mazatlán valió la pena? Ciudad turística, moderna, buenos restaurantes y alojamientos. Un centro histórico colonial en proceso de reconstrucción (gentrificación, dirían los que saben), buenos bares y dos espacios culturales, mariscos deliciosos –los aguachiles son norteños– y mujeres que solo pude ver de reojo… Tal vez, pero no para uno como yo: después de cuatro días, ella se fue, y yo seguí al embarcadero para ver cuándo zarpaba mi ferry a La Paz. Como Bioy, *partí al infinito azul.*

No fue fácil: era el último día de vacaciones y la gente volvía a casa; la compañía, para añadir un poco de *suspense*, había decidido cambiar su barco normal por uno de carga y no contaba con suficientes camarotes, por lo que daría prioridad a los tráileres y a sus respectivos choferes. Desde las siete de la mañana, con algunas salidas para ir a comer o tomar aire, estuve en la terminal, cuidando un lugar que cada vez se tornaba más inalcanzable. Del "venga a las diez" pasamos al "a las tres se sabrá" y finalmente al "espere a que se empiece a cargar el barco. Para mi suerte, hacia las siete de la tarde –y frente a la molestia de otros pasajeros que no fueron llamados– me dijeron que sí viajaría.

–Suba su moto al barco ahora y pague acá los dos mil pesos por el cruce. –dijo la chica de la ventanilla. –No le podemos ofrecer cabina; tendrá que dormir en el suelo de la cocina.

–¡Gracias! –Atiné a responder. No supe si haberle cerrado el ojo o esperar desde las siete fue lo que me dio el pase, pero no había más que hacer. *Los que viajan y los que se quedan*, había dicho Bauman.

Yo era de los primeros.

Primera noche al descampado

Por suerte el precio incluía una cena con pollo duro y algo de ensalada. También una bebida gaseosa. El barco era efectivamente, para carga; no se llenó a más del sesenta por ciento, tenía unos veinte camarotes y ochenta sillones en un cuarto grande. Su bar, de unos quince metros cuadrados, ametrallaba música de banda. El comedor, de unos ocho por siete, siempre iluminado –con lámparas fluorescentes– y dos pantallas de televisión que transmitían películas norteamericanas de balazos, era "el refugio" para dormir. Afuera, la cubierta era una terraza de unos cuarenta metros cuadrados con un techo metálico, sin sillas pero bien iluminado hacia las lanchas de emergencia y el estacionamiento. Adentro ruido, luz y películas; afuera viento, frío, estrellas y el interminable ronroneo de los motores del barco.

Mi primera ronda en busca de un lugar para dormir no arrojó resultados: podía embrutecerme en el bar y morir acribillado por la música, o quedarme en el comedor viendo películas con las luces encendidas. Opté por una tercera alternativa: salir a cubierta con la cobija que conseguí y dormir sobre el enorme baúl que guardaba los chalecos salvavidas. Por más profundo que fuera mi sueño en la emergencia, me tendrían que despertar. Dormité. El frío, a pesar de llevar puesto el traje de motociclista, era recio. El cielo estaba cubierto. Ruido de máquinas roncas, de olas, de voces, de viento.

Hacia las cinco o seis decidí que era suficiente. Prefería morir de pie que acostado; el sol comenzaba a teñir el cielo de rojo y las primeras figuras de las islas del Mar de Cortés aparecían. Muchos insomnes, como yo, se reunían en la cubierta y miraban el vacío del mar, la semioscuridad… Seguro se preguntaban si su desgraciada noche habría valido la pena, pero cierto es que el humano mira de frente y con certeza la penumbra, cuando sabe que el sol está en camino.

Después del frugal desayuno, cortesía de la transportista, comencé a alistarme. No había más qué hacer: entregar la frazada, tomar mi mochila y pasar al baño. A las ocho o nueve atracamos y fui de los primeros en salir. Desabroché a la Alebrija (así se llama la F650 GS que me acompaña), hasta entonces atada a unos tubos gracias a unos clips de carga y toqué tierra.

Al fin, la nueva historia había comenzado.

Ilustración 1: Amanecer en el ferry

La versión impresa incluye estos detalles. ¡Usa tu celular!

Tus comentarios son bienvenidos ahí.

Capítulo 2. Juan, inmovilizado. [4]

> *As a rule,*
> *man's a fool.*
> *When it's hot, he wants it cool.*
> *When it's cold, he wants it hot,*
> *always wanting what is not.*
> (De mi bitácora: Jim Gale. Viajero.
> Enero 2019).

Desembarque

Llegué a su casa después de encontrar la dirección gracias a mi mapa en Google. Fue fácil. Había bajado del ferry a las nueve o diez de la mañana y unos cuarenta minutos después estaba frente a su puerta.

—Tengo un amigo cuadrapléjico. —Me dijo un tío por mensaje, días después de salir de mi ciudad natal. —Si quieres te contacto con él y podrías quedarte en su casa una noche. No sé si fue curiosidad o intuición pero dije que sí, sin pensarlo.

Me abrió Ene y me hizo un breve interrogatorio. No nos conocíamos, nunca nos habíamos visto. Quise romper el hielo entregándole una copia de mi libro, pero cinco minutos más tarde no sabía qué decir. ¿Cómo iba a comunicarme con una persona que no habla como yo?

Minutos más tarde se fue ella y el asunto se complicó más. Nos quedamos sin mirarnos. Dije que iría a lavar algo de ropa y pasé al traspatio, luego me recosté un poco y al rato me armé de valor y me acerqué de nuevo. No sabía qué hacer, no quería ser descortés ante la persona que me había recibido para alojarme. ¿Partir, dejarlo ahí? ¿Hablar?

---

[4] Es Juan porque es uno de los nombres que en este país usamos para referirnos a los personajes anónimos. Al inicio de este libro quería contar historias de Juanes, de personas que no miramos en la cotidianidad. Sin ofensas.

Primero lo vi desde atrás. Su mano, la única que tiene una movilidad más eficaz, se paseaba sobre el control –una especie de joystick– de la silla de ruedas en la que se encontraba. Con ella podía moverse. Estaba pegado a un escritorio, con un libro muy gordo abierto, prensado para sostener una página determinada. Leía. Cuando me acerqué, me miró a los ojos y me señaló hacia abajo. Entonces ví que, atado a la trabilla de su pantalón, había un celular muy pequeño. Era un Nokia de los años noventa: irrompible, de pila interminable. Sin duda por eso lo tenía. Su pantalla, monocromática naranja con letras negras, tenía un texto: "Cuéntame de la Patagonia". Lo miré y estoy seguro que en ese momento nuestros ojos se iluminaron.

Me solté y comencé a contarle. Del sur del continente, de lo bello que es, de las peripecias en moto. No sabía si era un castigo para él o una forma de diversión. Mientras charlaba me preguntaba si me comprendía y por qué estaba en esa condición. De vez en cuando bajaba la mano al teclado y escribía unas palabras. A veces una, a veces dos, a veces más. "¿Pasaste por Nicaragua?", "¿Cómo es Perú?". Cuando le conté que había pasado únicamente por Managua y por Granada escribió "Yo viví en Granada, frente al lago Nicaragua". ¿En qué año? –pregunté. "2003" fue su respuesta. El mismo año que yo hice el viaje, respondí. De nuevo reímos y yo me preguntaba decenas de cosas a la vez.

Le conté cómo había publicado mi libro y entonces todo hizo clic. Rob[5] escribió "¿Me ayudas a publicar mis libros?". No dijo "un" libro, dijo "mis" libros. Me le quedé mirando y acepté –"¡Con gusto!". Muy estúpidamente pregunté si ya estaban escritos. Me miró con sorna y pasó la mano del teléfono hasta un mouse que estaba sobre el escritorio. Al tocarlo, la pantalla se iluminó y se abrió su carpeta de textos.

---

[5] Por respeto, en este texto me propongo mantener el anonimato de las personas que me han abierto su casa y su corazón, aunque algunos han accedido a que lo emplee. Usaré entonces en algunos casos seudónimos, y en otros, sus nombres de pila.

Solo había pensado quedarme una noche para no importunar. Después del asunto del libro y de que abriera sus archivos para mostrarme que tenía cinco, que además hacía música y descubrir su brillo personal, le pregunté si podría quedarme una noche más. Aceptó gustoso y yo mezclé mis dos días entre las mañanas de visita por La Paz y las tardes para ayudarle a publicar sus libros. No solo estaban escritos, sino que requerían solo de pequeños detalles: una portada, una imagen, seleccionar el tamaño del libro, definir el tipo de papel. Hicimos una primera publicación de muestra, para que aprendiera a hacerlo.

Conocí el museo de antropología recién reinaugurado, en el que hicieron reproducciones en tamaño natural de las cuevas de San Ignacio, famosas por sus pinturas rupestres. Me convencí de ir a verlas personalmente, caminé por el malecón, me senté a comer en dos o tres restaurantes. Probé unos helados italianos, deliciosos; tacos de pulpo con chicharrón, de langosta, de ostiones. La Paz me recibía con una muestra gastronómica y gestos de amistad enormes. Aproveché para comprar un par de implementos que me hacían falta para acampar: una colchoneta, una sartén.

Las dos tardes que pasamos juntos comenzamos a bromear y entendernos cada vez mejor. Aunque Rob no habla con perfección, se expresa y Ene lo comprende casi al cien por ciento. Me contó que había vivido en más de treinta y siete casas, seis estados de Estados Unidos y tres países distintos: México, Costa Rica, Nicaragua. Me explicó que había viajado por muchas partes del mundo. No me atreví a preguntar más sobre su vida personal –ni necesitaba saberlo– pero entendí que en algún momento, años atrás, había sucedido un accidente que lo había puesto en esa condición.

Para mí era simplemente increíble, que una persona en su condición fuese tan productiva, que escribiera e hiciera música. Entendí también que la comunicación no implica un mismo idioma, sino el ánimo de tenerla. Cuando los humanos quieren comprenderse, crean magia.

El tercer día, temprano por la mañana, trepé a la Alebrija y enfilé hacia el sur. Quería primero llegar hasta el extremo austral de la península para luego comenzar a remontar. Partí con una mezcla de sentimientos: ¿Cuántas personas se encuentran en estas condiciones? ¿Qué hacemos para no perder sus habilidades y experiencia? Me decía que debe ser muy fuerte vivir dentro de un cuerpo que no te obedece, que te tiene abandonado. Pensaba que mi dolor en el tobillo, el que me molesta cuando camino y me hace putear y mentar madres, era simplemente nada, que no tengo el más mínimo derecho a quejarme. Nuestras penas son fruslerías en la realidad de otros.

Mientras avanzaba por la planicie del sur, me acordé del poema que me hizo leer: *Rigor Mortis*. Se refiere al endurecimiento del cuerpo cuando mueres, a la rigidez que toma. Rob hablaba de su tristeza de sentirse atado, de no poder moverse, de no viajar, de sentir cómo la mente vuela, mientras tú estás ahí estático, fijo, inmóvil.

Los que se mueven y los que se movieron. ¡Toma Bauman, una nueva categoría!

Carretera a Cabo Pulmo

Nunca me cansaré de insistir que la carretera es un elemento para la reflexión. En el fondo, el componente central es la soledad: cuando estás solo piensas, recuerdas, revives, regresas los sucesos y los miras en cámara lenta, recordando detalles de frases, de conversaciones. En ocasiones vas incluso más lejos en el tiempo y más profundo en el análisis: lees entre las líneas de tus cavilaciones y les hallas nuevos sentidos.

Andar los exacerba: mientras conduces hay veces que tu concentración es tal que no puedes sino prestar atención a la ruta; pero en otras –curvas y pendientes suaves, o rectas interminables, por ejemplo– se vuelven un escenario perfecto para viajar dentro del viaje. Algo así:

> *El nombre de la cuenta de correo electrónico de Rob es "Hal…" No sé si la relación que hago haya sido pensada por él, pero a mí me lleva a Kubrick: 2001 Odisea del Espacio. El robot, uno de los primeros que conocimos los niños de los años ochenta, Hal 9000, era el controlador omnipresente de las operaciones del cohete Discovery One. No tenía presencia física: era un ojo de color rojo instalado en muchas partes de la nave cuya intensidad subía y bajaba al*

ritmo de sus palabras. Su voz, suave, pausada —y más que mecánica— melancólica, parecía no proyectar emociones: un robot cuya tarea era facilitar el trabajo de los astronautas, hasta que estos deciden desconectarlo porque encuentran que está funcionando incorrectamente. Hal, actuando por cuenta propia, bajo la directiva de salvaguardar su misión y la nave, comienza entonces una lucha con los astronautas, intentando destruirlos, mientras ellos tratan de desconectarlo.

Para mí, Rob es Hal, el dueño de su cuerpo, que intenta sobrevivir a sus astronautas extremidades que dejan de responderle. Es el capitán que se amotina contra su propia tripulación que ha dejado de obedecer sus órdenes. Hal, en el fondo es la mente de todos nosotros cuando llegamos a viejos, como mi abuelo, un hombre deportista que hasta los noventa y cinco años fue en bici a su trabajo y cuyas rodillas decidieron un día que no podían más con el peso que llevaban; se rebelaron contra el capitán. Hal es ese destello de sobrevivencia que nos queda cuando al despertar una mañana —o una tarde, o una noche, qué importa la hora— no puedes mover el pie, la mano, o un brazo. La lucha del cuerpo contra la mente. Qué fuerte.

Me paro unos minutos a beber un jugo plástico y abro un sandwich que compré en un OXXO al dejar La Paz. Digo "abro" porque soy incapaz de comerlo. La inmundicia más grande del mundo y la decisión más certera: nunca más. Arranco de nuevo. Ya encontraré algo para desayunar.

... Hal aún controla su mano derecha y con ella escribe por SMS. Lentamente, como quien se mueve en la gravedad, se deja bañar y se deja levantar de la silla para hacer ejercicios: cuando se yergue en sus barras, logra mantenerse en pie. ¡Vamos Hal, controla, vamos Hal, mueve esa rodilla, mueve esas cuerdas vocales y emite un sonido, un canto. Articula una frase, Hal.

Con todo y eso, Hal-Rob me dijo qué visitar en la Baja, donde vive hace 16 años: "Hacia San Felipe hay una buena parte de grava", "Tijuana es feo", "Guerrero negro también". "Tienes que visitar Ensenada, Todos los Santos, San José del Cabo..." Yo pienso que debería haber una ruta en su nombre y en su honor, porque Hal se resiste a ser uno que ya no se mueve.

Hal tiene una tripulación extendida: los movimientos de su mano, Internet, la tele, las pantallas, los perros que lo cuidan y lo siguen. La computadora es su todo; las personas que lo cuidan son su equipo: sus brazos, manos, traductores... Pero él es la mente: los 62 años de vida que un día pasaron del cuerpo a la mente, la que hoy mueve al barco con una mano y un ojo. Esa es vida cabrona que lleva con hombría y decoro. Gracias por el aprendizaje, Rob - Hal.

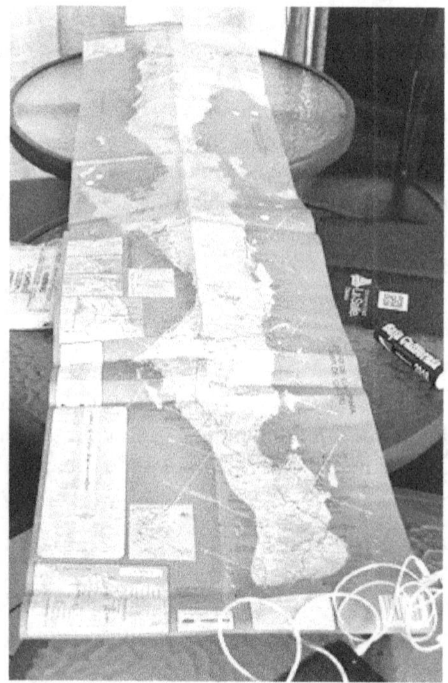

Ilustración 2: La península. Mil millas de decisiones

En una de mis visitas al centro conseguí un mapa de la Baja. Sí, como los de antes: impreso, con colores, que se dobla y marca; que se pone

en la maleta frontal de la moto (el *tank bag*) y te permite ver hacia dónde vas. Pagué cien pesos y me fui a una cafetería a trazar mi ruta. Ahí, junto al pastel de zanahoria que acompañó mi té, lo desdoblé parsimoniosamente hasta extenderlo sobre dos mesas, de lo largo que es. De inmediato me dije que necesitaría dos meses para un buen reconocimiento, y como siempre, me forcé a ajustar, decidir, definir. Cabo Pulmo sería mi primera parada. Una o dos noches. Un área protegida en el vértice inferior derecho de la península.

El pavimento está en muy buen estado, pero no tomaré "la autopista" a Cabo San Lucas. Primero iré hacia El Triunfo, que me recomendó Mín. Ese Mín tuvo tino. Siempre lo tuvo para eso. Siempre buena gente, siempre dispuesto. Igual que el papá. ¿Cómo habrá sido su viaje con Rob hace diez años? Lo llevó manejando con Paty, su amiga, hasta no sé qué estado del norte de Estados Unidos. ¿Georgia? ¿Será su tierra? Parece que tiene un hijo en el norte. Otro independentista como yo: mejor solos que bien acompañados. Ya me veo a los sesenta en esta misma testarudez. Solo, solo, solo. ¡Cómo son las cosas de la vida!

Mín trabajó en La Paz algunos años. Un buen día salió un anuncio en el periódico para un trabajo de chofer, aplicó y se enteró que se trataba de llevar a Rob a Estados Unidos. Lo aceptaron, se fue... y años más tarde, cuando yo vengo a La Paz, me pone en contacto con él. Le ayudo a publicar su libro y ahora somos amigos. Qué cosas. Cuánta gente viajando, cuánta gente moviéndose... y pensar que hay quienes se quejan de los migrantes.

Ah, parece que esto es El Triunfo.

Me detuve en El Triunfo, viejo pueblo minero, hoy sitio de tránsito turístico apenas poblado. Si algo sorprende de la península es el escaso número de habitantes. Debe ser por eso que los viajeros solitarios somos tan felices y que tantos norteamericanos migran. El desayuno no fue barato pero sí copioso: unas enormes tortillas de harina de trigo, muy delgadas, un poco chiclosas —no en connotación negativa—, suaves, tiernas. Un huevo con machaca y un enorme vaso de jugo de naranja con zanahoria. No podía pedir más. El sitio, al borde de la pista era una casa vieja, con una terraza.

Al terminar fui a ver la ex-mina caminando. Un problema común del motociclista es dónde dejar pantalón, chamarra, casco y guantes. En un tramo corto, se dejan encargados. En un lugar desconocido o remoto, se dejan sobre la moto y se cruzan los dedos, esperando que no haya animal curioso, ni humano necesitado o malicioso. Cargarlos es estorboso, cansado, máxime cuando el clima ronda los treinta grados y además se tiene complejo de fotógrafo que, por si fuera poco, quiere llevar todo el equipo. Dejé la ropa sobre la moto. Así fui descubriendo que la Baja California Sur es, sobre todo, benévola con el aventurero.

La mina es un sitio abandonado. Le sobrevive una enorme chimenea reconstruida y fortalecida en prevención contra los huracanes. El día era precioso: unas nubes invernales hacían un fondo rasgado y le daban una apariencia especial. La primera foto de la que me sentí contento; luego caminé hacia un mirador triste pero con vista sobre la población y la loma. Enseguida me detuve en un cementerio donde yace media docena de ingleses. Luego de asarme y descansar de la conducción, abordé de nuevo y continué hacia el sur.

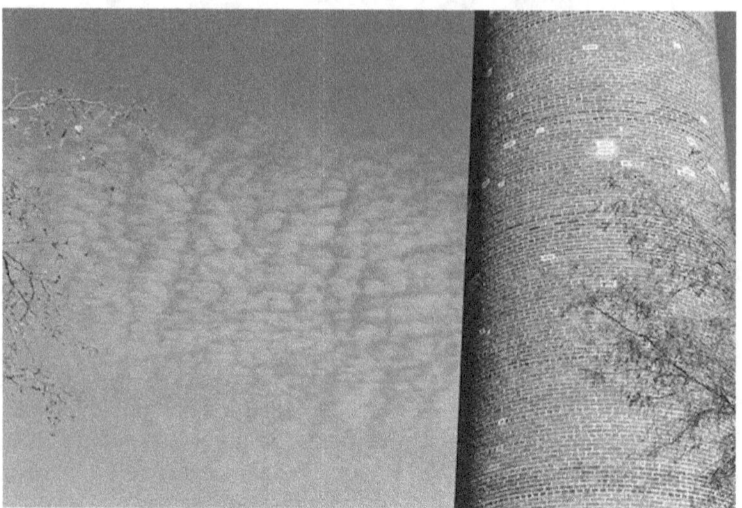

Ilustración 3: El Triunfo. Detalle de la chimenea

La siguiente parada fue en Los Barriles. Primera vista bajacaliforniana: montaña desierta con cactus en fondo azul del mar de Cortés y unas cuantas casas en la costa. Vista sublime, de

horizontes infinitos: el trazo de la carretera es una delgada y aleatoria línea negra sobre la geografía local. La primera vista fue desde lo alto, luego comencé a descender. Me animé a continuar hacia El Cardonal por unos kilómetros. En la medida que avancé fui viendo más y más casas de veraneo en la costa. Enormes, con piscinas. La gran mayoría, como iría encontrando en la zona costera de la península, propiedad de extranjeros: norteamericanos y canadienses, sobre todo.

En algún punto –Tal vez en el mismo Cardonal o Punta Pescadero– el pavimento se terminó y comenzó una arena muy suelta que no solo era difícil, sino que me dirigía hacia el norte, mientras mi meta estaba en algún punto del sentido opuesto. Di media vuelta, haciendo por primera vez conciencia sincera de que me perdería de muchos lugares por falta de tiempo, y enfilé hacia La Ribera, por una pista pavimentada que bordeaba el mar. Vista fascinante, de ensueño. Aunque con el tiempo se iría desvaneciendo el efecto sorpresa, en ese momento era única.

A unos veinte kilómetros de Cabo Pulmo se terminó el pavimento de nuevo. Entré en lo que sería el común de los suelos de la costa sur: arena fina de tono grisáceo, en la que las ruedas se entierran; cualquier error de frenada o exceso de aceleración te hará ver y sentir el piso. Complejo, definir una velocidad apropiada: a menos de cuarenta kilómetros por hora, las ruedas se estancan y el ritmo es demasiado lento; a más de setenta se patina, pierdes el control de frenado. Como mis llantas no son para terracería, me mantengo entre los cincuenta y sesenta. Más de tres veces sentí que flotaba. A quienes dicen que la moto tiene mayor facilidad de acceso que un auto, los reto a conducir en la arena suelta.

Cabo Pulmo es un pueblo pequeño, con hoteles que cotizan en dólares y un embarcadero donde se concentran las compañías de turismo. El atractivo central es el mar: buceo, esnórquel, paseos en lancha. Ninguna actividad tiene costos menores a los mil pesos, menos si uno viaja solo. Intenté unirme a algún grupo pero no lo conseguí. Decidí continuar hacia el sur, hacia la bahía de Los Frailes, donde encontré un camping e hice la primera parada para colocar mi tienda, frente al mar.

Los Frailes

Después de diez o quince kilómetros llegué a un sitio al borde de la playa donde había una cabina con dos baños y otra con un restaurante de mesas adyacentes, bajo una palapa. En eso consistía el adecuamiento del camping. Mentira: había también un puente de madera (un *deck*), con un mirador de unos diez metros de altura. El resto era una bahía de unos ciento cincuenta metros de largo. Me cobraron cincuenta o setenta pesos por instalar mi carpa.

Antes de armar mi espacio, me quedé en la palapa. Serían las cinco o seis y no había probado alimento desde las diez. Cuando se viaja se comen paisajes, conversaciones, kilómetros, ensoñaciones; cuando uno está en periplo ayuna, se olvida de los problemas de gastritis y deja esas cotidianidades. En jornadas como ésta, uno simplemente se deja ir, acompañado de la buena estrella de los viajeros: te abres al mundo para ver qué te tiene deparado. No fue la mejor comida, sí un ceviche fresco y sabroso, como para dejar del lado el hambre, para trocarla por la vista de la bahía, del mar, de las rocas, del premonitorio.

Sentado al pie de una mesa de Coca-Cola, de las que pululan por el mundo sin responsabilizarse del daño ecológico, y acomodado en una silla *idem*, recibí mi plato —de plástico— con unas tostadas. Mientras disfrutaba de la comida, seguía la conversación deshilachada entre un norteamericano de unos sesenta años y un mexicano de unos cuarenta y tantos. El segundo era —me enteré después— un guanajuatense carpintero que radicaba en la Baja hacía cuatro o cinco años; el primero, Jim, un californiano (fresnocaliforniano) con casa —y mujer celosa—, en Hawai que, aunque ya no era su pareja, se encargaba de cuidar la casa que él compró años antes. Al partir el mexicano, continué la charla con el californiano:

—Un terreno feo, Sam. Lleno de piedras y cerca de un *volcano*. Si un día decide hacer erupción de nuevo, me quedaré sin casa, con un terreno lleno de piedras y lava. Lo conseguí muy barato…

—¿Y Te casaste ahí? -Respondí.

—No, nunca me casé, pero sí tuvimos un hijo. Bueno, no, en realidad no es mi hijo biológico, pero yo lo acepté. Ahora el problema es que cuando quiero volver a Hawai con una nueva pareja, ella es muy celosa y no me permite hacer nada. Todo el tiempo vigilando, todo el tiempo observando. Por eso no quiero volver.

Jim ha viajado por el mundo, radicado en Chile, Europa, Japón: "En Japón trabajé cuidando viveros. Aprendí mucho de su cultura y de su respeto por la naturaleza. Estamos a años-luz de eso". Está en Cabo Pulmo por una semana, tal vez más, esperando que pase el invierno para volver a California, donde tiene otra casa que quiere vender. Tal vez la deje a su hijo que vive ahí. Jim no tiene interés por el dinero, por acumular. No utiliza hoteles: "¿para qué pagar por algo efímero, como una noche de hotel?". Charlamos un rato, mientras disfrutábamos la llegada de la tarde y de la luna llena. Después se fue a su tienda y yo a elegir el espacio donde pondría la mía.

Las estrellas eran una verdadera bóveda sobre nosotros, pero no se disfrutaban tanto porque la luna les peleaba el papel estelar: Selene, imperturbable, se exhibía con todo su brillo sobre la oscuridad. Iluminaba el mar, las rocas, nuestras tiendas y todo a su paso. Luneaba (*it mooned*), había dicho Borges, en uno de sus arranques de crítica contra el español, que –decía– no tiene la flexibilidad del inglés.

Saqué mi cámara e intenté mi primera sesión nocturna. Con el tripié en la arena, comencé a jugar con el exposímetro: 1 segundo, 3 segundos, diez segundos. Las fotos salían oscuras; aunque pintaban algunas siluetas, era imposible enfocar: al poner la mira en fase de autofoco, se perdía; en manual, no había puntos de referencia que te permitieran ajustar la mirilla. Luego encontré el control de ISO (la sensibilidad lumínica de una falsa película que no existe más y sin embargo el mundo digital ha replicado) y me fui de los cuatrocientos a los ochocientos, luego mil seiscientos, después cuatro mil. Terminé en los doce mil quinientos, el límite de mi cámara –por cierto, recién estrenada– que hacía unas imágenes cargadas de granos, con un obturador abierto al máximo, cual boca de agujero negro que devora todo a su paso.

La mañana siguiente caminé muy temprano por las lomas. Intenté seguir la franja costera pero ésta se interrumpía con frecuencia. Luego apercibí una pequeña montaña de piedras y colores que decidí escalar.

Qué pequeños, los humanos: vemos una loma y la queremos escalar; percibimos un desierto y lo queremos cruzar, pero una vez que estamos ahí, nos damos cuenta que está lleno de espinas y matorrales cerrados y comenzamos a buscar vías alternas. En el mapa, la Baja parece una pequeña península, los frailes un ínfimo parque… y sin embargo, es tan fácil perderse.

Después de avanzar un rato a hurtadillas, regresando sobre mis pasos con frecuencia, sin lograr mi meta, me encontré con un sendero que rodeaba la loma; el campamento estaba lejos. Me entretuve fotografiando aves y persiguiendo a una liebre que pronto me mostró quién estaba más adaptado para vivir ahí. Luego volví a la senda y la seguí. Me llevó de regreso a la entrada del camping. Solo tuve que caminar unos ochocientos metros más hasta mi tienda.

Ilustración 4. Noche estrellada en Cabo Pulmo

Aunque había pensado quedarme dos noches, decidí continuar hacia San José del Cabo. Había que llegar a la punta sur para comenzar a subir hacia el norte. Salí hacia las diez de la mañana sin encontrar a Jim, mi nuevo amigo, que seguro estaría caminando o nadando. Mi mapa marcaba escasos ochenta kilómetros: aunque fuera a velocidad

mínima, no tomarían más de tres horas. La realidad probó ser muy distinta.

Enfilé primero hacia Boca del Salado, por la costa, sobre esa arena que ya he descrito: floja, gris, caliente. La Alebrija se sentía tan insegura, como quien juega fútbol con zapatos bostonianos. Se colgaba hacia un lado, hacia el otro, o hacia el frente. Más de una vez sentí la rueda delantera clavarse en el piso y patinar como quien pisa un charco de lodo. Esta vez no pensé en nada, no logré evadirme en mi casco: la concentración me impedía apreciar el paisaje y las enormes casas que aparecían a mi costado. En algún punto –La Fortuna, tal vez– llegué a una intersección y giré a la derecha, siguiendo el mapa, que me llevaba hacia Palo Escopeta.

No sé por qué giré en lugar de continuar bordeando el mar. Solo sé que lo hice y pronto me empecé a preguntar si seguía la dirección correcta. Miré hacia un lado y hacia el otro: nada, nadie. ¿Volver? ¿Seguir? ¿Parar? Adelante apareció una vaca, luego otra, después la entrada a un rancho. Sí, en el medio de nada, un rancho. Entré, avancé unos cien metros hasta una casa desvencijada. Se acercaron unos seis perros ladrando. De la casa no se asomaba nadie; mientras a la derecha yacía abandonada una camioneta Rambler de los años setenta, azul metálico, medianamente cubierta por una lona, con las ventanas terregosas y las llantas pinchadas. Vehículo abandonado. Me pregunté si habría alguien ahí. Los perros se acercaban rabiosamente.

–¡Hola! ¡Hola! –Grité. Nada. Nadie. Los perros, con cara de pocos amigos, ladraban (*señal de que avanzamos, Sancho*, habría dicho el heroico Cervantes).

–¡Hey! ¡Hola! –Dijo un hombre de unos sesenta o setenta, alto como un poste, con un sombrero, apenas más joven que su propietario. Llevaba una camisa azul, de algodón grueso, muy luida, y un pantalón oscuro.

–Diga.

Le expliqué que estaba perdido y que me dirigía a San José del Cabo, pero que había tomado el desvío y ahora me preguntaba si no era mejor volver y seguir por la costa.

–Pues ya avanzó bastante. Ahorita le conviene seguir por donde venía. Siga hasta Palo Escopeta y ahí dé vuelta a la izquierda.

–Pero –respondo, asustado.– ¿Está mejor por este lado o por el otro?

En señal de respuesta, alzó los hombros y me miró con una sonrisa. Comprendo. Comprendo todo. No necesito más.

–Gracias, amigo. Qué tenga buen día. Hasta luego.

Di la media vuelta a la moto y mientras continuaba mi ruta pensaba que en efecto, este país no tiene madre: los mexicanos viven ahí, en un rancho perdido en el desierto, sin agua, con unas cuantas vacas famélicas, un auto derruido, una casa de lámina y un sombrero viejo; allá, al borde del mar, los norteamericanos y canadienses compran terrenos, construyen casas, hacen un paraíso inmobiliario, importan agua y cuelgan las hamacas para sacar partido de sus inviernos bajo el sol californiano… Unos días más tarde lo postearé en alguna de mis redes sociales y un buen amigo responderá: "Pues yo no le veo lo que esto pueda tener de malo. Si ellos tienen para comprar los terrenos, que los compren". Viva México.

Justo saliendo del rancho –seguramente entre reflexión y distracción– la llanta delantera se atoró en un banco de arena al incorporarme. Por suerte estaba casi parado (tal vez sucedió *por* estar casi parado) y la moto se deslizó sobre el costado izquierdo. Traté de detener su caída pero fue imposible. Preferí dejarla para no quedar debajo de ella.

Levantarla fue más simple de lo que pensé. A pesar de los doscientos cincuenta kilos que debe pesar con maletas y contenido, me coloqué de espaldas en la parte trasera, apoyando la cadera mientras con la mano izquierda agarraba el soporte del copiloto. Con la mano derecha alcancé el manillar izquierdo y levanté con las piernas, mientras las manos sostenían la moto. En unos cinco segundos la Alebrija estaba de nuevo en pie. La sostuve mientras cambiaba de mano el manillar izquierdo y me apoyé en el pie izquierdo para montarla de nuevo. Arranqué suavemente hasta dejar el banco de arena y proseguí. Sí, estaba aprendiendo.

Los cuarenta o cincuenta kilómetros que siguen son más o menos iguales pero voy haciéndome el hábito: subo lentamente el ritmo hasta llegar a Santa Catarina, donde paro en la primera tienda. El calor, la

deshidratación, las emociones, el traje, el casco. Todo me hace sentir tan árido que lo mejor que se me ocurre pedir es una cerveza. Está helada. Tomo una a toda velocidad y luego otra con lentitud. También pido unos maníes y los como mientras charlo con la señora que me permite cargar mi teléfono. Instantes después, llegan unos hombres en dos camionetas y bajan del auto.

–Ellos también son de Oaxaca. –Me dice la señora de la tienda. –¿Verdad, muchachos?

–Sí, claro. ¿Usted también, amigo?

–Sí, vengo desde allá en la moto. ¿Ustedes trabajan acá?

Y ahí me entero que sí, que vienen de la sierra mixteca por temporada. Cuando hay cosecha que recoger se mueven hacia el norte.

–Algunos se van hasta San Quintín. ¿Usted escuchó de eso? ¿Va para allá?

–Sí –respondo.– Sé que muchos se van a trabajar y que hay bastantes. También sé que las condiciones son duras. ¿Han ido…?

Ellos no, pero sí algunos de sus amigos y parientes. "Ya verás cuando pases por allá", me dicen. "Son invernaderos enormes. Hay trabajo, pero muy salvaje." Me termino la segunda cerveza, pido instrucciones para continuar a San José del Cabo y monto en la Alebrija.

Mientras circulo por el vía hacia San José –un tramo de terracería y luego el pavimento de vuelta a la "civilización" (¿civilizada o envilecida?)– recuerdo mi paso por mi tierra natal y la ida con mi padre y su esposa a una cantina típica del centro-oeste de la ciudad, *El Tenampa*, y pienso al interior de mi casco: *migrantes, migrantes, migrantes. Oaxaca, pueblo expulsor; toda la gente se va en busca de trabajo. No de comida, porque allá comen mejor, pero sí de dinero, de una nueva vida, de oportunidades.* Recuerdo la conversación que tuve con Felipe.

Oaxaqueño en el final de sus cincuenta trabaja como bolero, pero ha hecho de todo. Camina por la ciudad en busca de clientes y entra en restaurantes y cantinas para ver a los que ya tienen la billetera más flojita por el par de cervezas o un taco. "¿Le boleo, jefe?". Así conoció a mi papá. Ellos recién se incorporaban a la tribu de comensales y él los detectó. Comenzaron a charlar y se dieron cuenta de que lee más que el común de la gente. Mientras él boleaba le invitaron una cerveza y conocieron su historia.

Les cayó tan bien que le regalaron mi libro y lo leyó. Cuando le dijeron que esa semana estaría por ahí, me regaló el honor de su visita, de su boleada y de una conversación que escribí así en mi bitácora:

Juan, migrante.

"Sí, todos podemos migrar. Solo es un asunto de necesidad y ganas acumuladas. O de ganas de ver. Yo, otro Juan, soy de Oaxaca. Salí a los quince años de mi ciudad, de mi casa, cerca de Ixcotel, por Volcanes, más arribita. Hoy soy bolero, ayer fui carpintero, albañil, pizcador de fruta en el norte, mojado en el tren, wetback en el desierto. Mañana, otra cosa seré."

A este Juan lo conocí en una cantina de Toluca, por el cerro de Coatepec. Todos los días pasa a buscar clientes. Si tiene suerte, limpia algunos zapatos: cepillo, jabón, grasa, brillo, trapo, cepillo. Así. Todos los días. Cuando le va bien, algún samaritano le ofrece un trago. Una cerveza, un ron, algo de su botella, así la boleada es más social, más amena.

–Junior –me dijo. –Yo ya leí tu libro. Bueno, en eso estoy. Apenas voy por Mendoza. Ya me imaginé las acequias y esos arbolotes de los que hablas. ¿En verdad es tan verde y se come tanta carne? Me imagino a las chamaconas, tan bonitas y finitas. La verdad, sí se antoja, ir para allá. Me está gustando, tu libro...

Qué honor. Un escritor no puede sentir más henchido el corazón que cuando una persona humilde le dice que lo ha leído, que le está gustando, que lo vive. Él lee por curiosidad, por gusto, por placer, para viajar conmigo porque Argentina le queda lejos, pero no se limita: viaja leyendo y viaja trabajando. Viaja porque viaja, porque quiere descubrir.

Ese Juan recibió mi libro de regalo y decidió leerlo. Le gusta evadirse. Ha leído mucho, sabe de qué se le habla, tiene un bagaje cultural que muchos de mis amigos quisieran tener

(o no, tal vez ni en eso piensan). Estoy seguro que muchos de los que tienen la billetera gorda o el ego más grande ni siquiera piensan en eso...

Es, como muchos oaxaqueños, orgulloso de lo suyo, crítico de su realidad, consciente de que algo está mal:

–¿Te parece justo que con lo rico que es Oaxaca, los oaxaqueños tengamos que andar errando por el mundo? Cuando era chico, Oaxaca era mi mundo. Me di cuenta de lo difícil que era, de sus complejidades. Hice mi primer viaje a los quince, y después no pude parar. Hace tres años que estoy en Toluca. Pasé once en Estados Unidos, en California. Conocí la UCLA, trabajé como milusos, he aprendido de todo. En realidad no aprendí porque quise, sino porque la vida te va enseñando. Ella te da y también te quita. La cuñada fue la primera razón para partir. Resulta que un día se fue de la casa con los niños, quesque a Guadalajara, y pues que me dice mi hermano: "Vamos por ella, Felipe..." Así que nos fuimos y no la pudimos traer. Ya no quiso regresar. Se hartó de Oaxaca. Yo también me fui un día, pero lo mío fue distinto: yo, desde chico, veía a los hippies en las calles de la ciudad, con sus guitarras y sus pelos largos, su ropa vieja... y yo me decía: "pues un día voy a ser como ellos. Voy a viajar, a descubrir su tierra." Y así fue, me fui a visitar el otro lado, solo que yo no llevaba guitarra. Yo llevaba mi cajita con herramienta, mis manos, mis pies, mis ideas... y luego mi cajita de bolero... No, si deveras, los años que llevo en la tierra han sido bien entretenidos.

–¿Sabesté? –continúa Felipe, entremezclando el tú y el usted– Voy a ir a Panamá al menos. Ahora con su libro, ya me dieron ganas de ir a Centroamérica, de que menos.

Este Juan no tiene miedo, y eso que está chimuelo y raya las seis décadas. Dice que cuando cruzó al otro lado lo hizo por el desierto de Altar, Sonora: "once días a campo traviesa, mi Junior, sin brújula". Él sí, Sin Documentos. Le encanta viajar en ferrocarril: le recuerda a su tierra y le impulsan las ganas de moverse. Pareciera no tener límites, ni prisa. Es un pasajero del mundo en todo el sentido de la palabra. Si pudiera navegarlo todo, lo haría.

Lleva una sudadera de la UCLA, una gorra de Las Tortas Ahogadas de Guadalajara, sucursal Toluca. En su cajón carga un muestrario de colores, cepillos, trapos y cajitas bien ordenadas, dispuestas como el aparador de una tiendita. El día que nos encontramos, se acercó a la mesa de mis anfitriones. Le invitaron una cerveza y se tomó la mitad en un par de tragos, luego la dosificó hasta terminar, al tiempo que charlaba sobre Vasconcelos, la comida y las particularidades de la verde Antequera, que conoce a la perfección: "No, no es el centro de la tierra, pero sí es un pedacito del cielo... ¿o a poco no te la pasas re-bien allá, junior? Mezcal, comida, buenos amigos."

Ilustración 5 Don Felipe migrante ¿Dónde anda?

– 'Ora que vaya te voy a buscar. Luego voy a saludar a mi familia... ¿Sabes algo más? Me imaginé muchas cosas leyendo tu libro. Ésa es la magia: que con los ojos bien

abiertos, puedes soñar. Ojalá las nuevas generaciones se animen a leer. Que la juventud ya no sea nada más de rebeldes, sino de gente decidida y con claridad de ideales.

Tomó su cajón, dio el último trago y se fue. No sin antes cobrar las boleadas, tomarnos una foto y darnos un abrazo efusivo. Luego, no supe más de él. (De mi bitácora. 6 de enero de 2019).

Capítulo 3. Círculos

Fyodor Dostoievski, citado por
Gorbachov, según Wim Wenders en "Una
retrospectiva". (De una de mis libretas de
notas, 1997).

San José del Cabo

¡Cuántas vueltas da la vida! Yo tendría tres o cuatro años y estaba en el Mar de Cortés, en ese barco del capitán Richard, del que me hacen una historia. No sé cómo era él: supongo que era alto, con su gorra de marinero y probablemente un bigote. Sí, eso creo haber visto en alguna fotografía. Mirada de águila, perspicaz. Iban también Roberto, Arturo y sus familias. Uno era papá del niño que quería tener un perro a bordo para darle la comida que él no quería, otro era papá de Gaby. ¡Que si seremos de nuestra infancia! ¿Sabes dónde vive Gaby, querido lector? Exacto, atinaste: en San José del Cabo.

Somos de nuestra infancia. ¿Qué magia pasará en la mente que nos lleva de vuelta a lo que vivimos? A esas emociones, a esos momentos de *Oniria*, a la búsqueda de nuestros *yo* de ayer. Somos una construcción futura de nuestro pasado soñado, pero a veces solo somos una frustración de él. Somos vaivén, somos barcos: algunos con ancla y otros sin ella.

Gaby llegó a San José después de mucho trajinar, como el Cantor del Sur: un día decidió que no quería más Toluca. Tal vez solo decidió que no quería más pesos sociales y convencionalismos, pero eso la llevó a auto expulsarse y su barco recaló en el puerto de San José, donde hizo su vida. Madre independiente, lucha cada mañana por ese trozo de paz y felicidad frente al mar. Me la imagino cumpliendo sus tareas familiares, luego laborales y buscando robarle minutos al tiempo para estacionarse en la costera y mirar la caída del sol. Pensar en lo que hay del otro lado del mar, o debajo de él. Una vida más simple, sin críticas sociales y sin titubeos; sin ataduras que le pidan volver a la tierra en que nació para buscar la seguridad de una pareja.

Somos casi de la misma edad y nos conocemos desde el barco. Tal vez antes. Entre hermanos hablamos de nuestros otros hermanos, de los carnales. Benjamines y Benjaminas que también intentan su propia vida, *gracias y a pesar* de los padres. Charla amena, franca. Hacía veinte años –o más– que no nos veíamos y sin embargo estuvimos tres o cuatro horas en un restaurante mientras su hija nos escuchaba e insertaba preguntas propias de una niña de nueve o diez años.

Después me llevó a visitar Cabo San Lucas, en un recorrido relámpago en auto: un city tour en una ciudad casi norteamericana, llena de grandes hoteles de lujo, de bares con gringos borrachos y de restaurantes *cajún*, *grill*, de nachos y de pseudo mexicanidad fronteriza. No sé qué le ven de lindo a reproducir una ciudad en la costa: enormes edificios, luces, taxis, gritos, bocinas, minifaldas con celulitis, tetas infladas. Plástico, plástico, plástico y vida vacua. Quedé plenamente convencido de que Cabo San Lucas es la única parte que NO debes visitar de la Baja California.

Me regresó a San José, donde tenía rentada una habitación para dormir, la número uno de las tres que ocuparía en todo el periodo. Dormí tranquilo y la mañana siguiente me desperté temprano, con todo el ánimo de huír del turismo masivo, ese que compra y compra medicinas en las decenas de farmacias que abren las veinticuatro horas y anuncian con un súper héroe de pene erecto el *Viagra*, o las ofertas de *painkillers, sleeping pills, diet pills, muscle relaxing, smart pills, anabolics* y todos esos químicos que necesitan para remediar los achaques causados por la comida química que antes comieron y vida química que antes vivieron. ¿Cómo podemos estar orgullosos de una sociedad bofa, inflada y tan llena de barbitúricos?

Mi plan era hacer una ruta fugaz de casi todo el día: quería dejar el sur y aventurarme hasta Loreto, donde esperaba encontrar paz y un ambiente distinto. A pesar de las sugerencias que había recibido para pasar por Todos los Santos y visitar el Hotel California, mi ánimo no daba para ver más gringos medicados. Seguir, salir, escapar de esos espacios comunes.

Pero por supuesto, tú puedes hacer los planes que quieras. El destino se reirá de ellos.

Solidaridad

El once de enero dejé San José del Cabo alrededor de las nueve. A diferencia de otros viajes, en éste dejo que la mañana corra más que lo acostumbrado. Ahora prefiero encontrar un lugar para desayunar, me doy el tiempo de una visita matutina o de revisar correos: de vez en cuando debo recordar que vivo en otra burbuja, en la que frecuentemente esperan novedades de mí.

Después de una breve llamada virtual, apuré un croissant con jamón y queso que acompañé con un jugo fresco en un negocio contiguo a mi hotel de cuatrocientos pesos (sí, aún existen los hoteles baratos donde te dan jaboncito de color rosa, bien perfumado, toallas y sábanas limpias, con una televisión de diez pulgadas que transmite cinco o seis canales y tiene un ventilador de techo) y me dispuse al ritual de todos los días: sacar las maletas en dos o tres idas y vueltas. En la primera llevo una alforja en cada mano y las llaves en la boca. Me acerco a la moto, coloco cada una de las anteriores en su respectivo porta-alforjas y las bloqueo con la ayuda de la llave. En la segunda ronda, cargo el *tank-bag,* esa maleta de tela que se acomoda sobre el tanque de la gasolina, y el *top-case* o maleta trasera, muy estorbosa para manejarse pero útil y amplia y, finalmente en la tercera, el casco, los guantes y la chamarra que hasta el momento no me he puesto, por el exceso de calor.

Existen, por supuesto, variantes: es posible intentarlo en una sola vuelta, siempre que el *top-case* se haya quedado adosado a la moto: hay que vestirse desde el principio con chamarra y casco. Los guantes se dejan en una bolsa de la chamarra o al interior del *tank-bag* y con ambas manos se toman las alforjas mientras se repite el uso de la boca para la llave. Este ejercicio es posible cuando la distancia entre la moto y el punto de partida es relativamente corto y el calor tolerable. El *tank-bag* se pone en la espalda como *back-pack* gracias a sus tirantes y al llegar a la Alebrija se ponen las maletas, se aseguran con la llave y con cuidado se descarga la tercera maleta que después se acomoda en su posición final. Luego se sacan los guantes, se cierra la chamarra y se monta. Esta variante requiere pericia, memoria y tolerancia a las altas temperaturas, pues lo más seguro es que termines sudando.

A las nueve y fracción abordé mi vehículo, me dirigí hacia el oeste para bordear la punta sur y de ahí enfilé hacia el norte por la *autopista*, como llaman los locales a este tramo carretero. Como mi intención era avanzar tanto como pudiese, pasé sin ver Todos los Santos y seguí hacia La Paz, pues como buen país centralizado, es necesario pasar por la capital para continuar al norte.

Entrando a la ciudad ubico un taller de motos, donde compro lubricante para cadena, pensando en los trescientos y tantos kilómetros que me esperan. Cruzo la ciudad y casi al salir paro por combustible: la gasolinería, ya sobre la carretera, está en un paraje desierto, solo acompañada de una tienda de abarrotes donde adquiero también una botella de agua y alguna chuchería. Son las once pasadas, me siento cómodo y disfruto el panorama. La ruta está en buen estado, salvo por un par de puentes que arreglan y obligan al desvío por tramos de tierra de unos metros.

Aproximadamente en el kilómetro sesenta, justo después de uno de estos puentes, la moto se detiene sin más, como presa de un súbito infarto. Logro, por suerte, llegar hasta el acotamiento y pararme en un lugar seguro.

–¿Y ahora, qué será? –Me pregunto. En todos estos años, solamente una vez la moto se había detenido sin explicación. Fue en Cusco, por suerte ya dentro de la ciudad, aunque de noche. Esta vez era de día y lejos de la ciudad. No tenía claro qué podría ser, no había notado nada raro.

Después de bajar y revisar los básicos (gasolina, bujía, electricidad) se me ocurre llamar a un pariente mecánico. Su respuesta: "es imposible un diagnóstico a la distancia. ¿No tienes asistencia en el camino?". Por supuesto que no. Tengo una BMW, pero no tengo para pagar el seguro, mucho menos la garantía aún válida… En ese momento descubro que la conexión no sirve de mucho: la acción es lo que salva. Pongo mi casco en el piso –señal de que requieres ayuda– y a los cinco minutos se detiene un hombre de casi dos metros que se presenta como colombiano. Tiene, dice, muchas piezas en su camioneta, pero todo está muy cargado y será difícil subir la moto para llevarla. Me sugiere que me podría llevar a Loreto.

–No sé –respondo. –Si requiero refacciones, supongo que será más fácil conseguirla en La Paz, ¿no?

–Sí, puede ser, pero veamos, déjame desmontarla.

En dos minutos quitamos el asiento, luego comienza a desarmar la bomba de la gasolina que está justo ahí debajo, en un sitio muy accesible. Aún con cigarro en mano, se da cuenta del enorme error cuando nota que el tanque de gasolina está lleno.

–¡Chucha! Voy a tirar esto, que si no volamos –dice.

Destapa la bomba, me pide abrir el switch y no se escucha ningún ruido. La sacude, reacomoda y tras unos intentos da un veredicto:

–Lo más probable es que sea la bomba de la gasolina. Te conviene más volver a La Paz y buscarla por allá. Hay que ver si consigues un *aventón* o llamas a un servicio de grúa.

Mientras charlamos, comienzo a levantar el dedo para solicitar ayuda. Minutos después se acercan dos motociclistas *chopper* que al verme se detienen de inmediato. Preguntan, desarmamos, revisan, tienen el mismo diagnóstico. Uno de ellos, local, llama a sus contactos para conseguir remolque y todo sucede muy rápido; de pronto recuerdo que en casa de Rob, su amiga me ofreció el apoyo de algo que llaman Torreta, un grupo de motociclistas que reportan sus salidas y llegadas en una especie de monitoreo. Su hermano, Edgar, pertenece a él. Tomo entonces mi teléfono y reporto que tuve el percance.

En tanto, Terry y Esteban *maloso,* los motociclistas, solicitan ayuda; Edgar, de la Torreta, me llama y pregunta por la situación. Le explico. Colgamos y me devuelve la llamada cinco minutos más tarde: alguien viene desde unos sesenta kilómetros. Mientras, se ha parado otro chico en un auto y pregunta la situación. Es mecánico, vuelve a destapar y dice que sí, que piensa que es la bomba, pero no tiene herramienta para resolver. En ese instante se detiene un suizo en una BMW 1200. Es un hombre de unos sesenta. Me pregunta en inglés si ya revisé el manual. Es el único que piensa en el manual y después en desarmar, mientras nosotros hemos hecho lo opuesto. "Por supuesto que no", respondo. Alcanzamos a hacer una breve conversación: casi estoy en la posición de hablar con él mientras los otros resuelven. Ya somos demasiados. Viene desde Europa y va hasta Ushuaia. Cruzó en barco en Halifax la moto y luego fue a Alaska, por Canadá, enseguida descendió por Estados Unidos. Ahora continuará hacia el sur.

Más que una descompostura, es casi una verbena popular: unos hablan con los camiones que van hacia el sur, otros charlan y diagnostican; yo hablo con el alemán y recibo la llamada de mi mejor amigo. El colombiano se despide y me deja sus datos, por si quiero que nos encontremos en Loreto. Ya no sé si me sentía más cómodo con mi descompostura en Cusco, donde nadie me prestaba atención. Poco falta para la carne asada y las cervezas. De lo aventuresco pasamos a lo jolgórico. Instantes después, Terry anuncia que hay un tipo en una camioneta que va a La Paz y está dispuesto a llevarse la moto conmigo adentro. ¡Hurra!

Llamo entonces a Edgar (de la Torreta) para comentarle y me dice contrariado que su amigo ya viene por mí. Una cosa de locura: la gente se pelea por ayudarme. Finalmente Edgar encuentra que la solución más cercana es la más pertinente y nos despedimos, no sin antes decirme que ya hay un mecánico esperándome en La Paz. Me manda el contacto y en el inter movemos la Alebrija hacia un vado circunstancialmente *ad-hoc* para subir la moto. Ni siquiera tenemos que hacer el esfuerzo de cargarla. La operación final se hace entre Rubén, Terry y Esteban. Una vez que la hemos subido y acomodado con la ayuda de los tirantes que llevo en la maleta, Terry toma la iniciativa de una conversación entre amigos:

–¡Misión cumplida! Solo nos hace falta una chelita para festejar y con eso damos esto por cerrado.

–Pues aquí hay con qué –dice Rubén, el dueño de la camioneta, mientras levanta el asiento trasero y saca una hielera con cervezas heladas. –Voy a La Paz a ver a mi hija, así que siempre llevo algo por si hace falta. Reímos y salen las cervezas para brindar.

–Yo soy Terry –dice el primero y más alto de los chopper. –Vengo de California, pero soy de Michoacán. Fui a visitar a mi hermana y ahora de regreso me encontré con Esteban más al norte, así que decidimos hacer parte del trayecto juntos.

–Yo soy Esteban *mañoso* –dice su acompañante temporal. –Vivo más al norte y vengo de viaje unos días. Como nos encontramos, pues venimos haciendo ruta.

Por supuesto, su apodo genera una serie de preguntas chuscas y de doble sentido que no explica ni desmitifica. Uno debe dejar que la leyenda se construya: atizar donde hace falta y remediar los puntos

necesarios. "Así me dicen pues, los amigos. Ya saben, uno que se conoce desde siempre". Al lado, Rubén entabla charla con Esteban y se entera que tienen amigos en común. Ríen y se reconocen. Rubén tiene un taller mecánico y arregla autos para las carreras de tubulares y de rallies. Yo apenas intervengo, aunque por supuesto decir que vengo desde Oaxaca siempre sorprende: tristemente, la mayor parte de los oaxaqueños vienen como migrantes y trabajadores temporales, no como turistas.

En mi mente, mientras arrancamos y comenzamos la charla Rubén y yo, me digo que la Baja es única, que la solidaridad es uno de los detalles humanos más significativos. Mientras escribo esto pienso –perdóneseme el atrevimiento académico– en Latour una vez más y sus redes y sus cajas negras: una hora antes solamente avanzaba por la vía y pudimos habernos cruzado, todos, sin siquiera habernos saludado, pero el actor moto se averió y eso destapó una caja negra con nuevos actores que terminaron por reunirse alrededor de una hielera.

Ilustración 6 Nuevos actores en la red, por una moto descompuesta y una hielera.

Hicimos los sesenta kilómetros de vuelta a La Paz en calma. Rubén tiene justo mi edad, pero una experiencia diametralmente distinta: a los cuarenta y cinco, él es padre de dos hijos adolescentes que además hacen música: uno toca el ukelele, la otra canta.

Lo increíble de estos sucesos, es que cuando estás dispuesto a abrir tu corazón y escuchar, es difícil que las cosas salgan mal. Más bien, se entabla la comunicación, se activa la empatía e inician los pasos para la amistad. De pronto parecía que Rubén y yo nos conocíamos desde hacía años, pero lo impensado sucedió cuando le conté que en La Paz me había quedado en casa de un amigo llamado Rob.

–¿No es un gringo que vive por ***? ¿No hay una chica Ene que le ayuda?

–¡Sí, claro! –Respondí. –¿Lo conoces?

–A él no, pero Ene es mi prima. Es escaramuza y tiene dos pequeños. Es una persona muy buena…

Y así, la charla continuó por el resto del trayecto hasta la entrada de La Paz, cuando llamé a Ángel, el contacto que me había dado Edgar. Por supuesto, era el mismo mecánico que Rubén me recomendaba –a esas alturas del día ya nada era sorpresa– y llegó unos minutos más tarde para guiarnos hasta su taller. Una vez ahí, él y su equipo bajaron la moto y comenzaron a desarmarla. Yo estaba sorprendido de haber encontrado un equipo de *just in time* desde mi percance a la una de la tarde: todo se hilaba a la perfección.

–Listo, amigo. Ya la desmontamos. Sí, es la bomba. Llamé al taller y la tienen. Si me das la aprobación, corro por ella en mi moto y te la ponemos de volada para que quede lista de una vez. –Me dio un precio, desglosando el costo de la mano de obra.

–¡Adelante, Ángel!

En el inter me reporté con Rob, solicitándole una noche más de alojamiento, cosa que aceptó gustoso. Mientras esperaba, trataba de hacer un recuento de mi suerte, de la buena onda de la Baja California, de cómo las cosas podían tomar rumbos nefastos, pero también extremadamente positivos. Me sentía afortunado y guiado por mi

buena estrella. Por supuesto, habría preferido estar en Loreto, pero algo me llevaba de vuelta a mi nuevo amigo.

A las seis y media, aproximadamente cinco horas después de haber parado en el kilómetro sesenta de la carretera, la moto estaba lista y pude dejar el taller, previo paso por el cajero automático para liquidar la nueva deuda. Mientras avanzaba hacia la casa de Rob-Hal, me preguntaba cómo habría vivido la misma situación en Oaxaca, Sinaloa, Argentina u otro sitio. Días más tarde me enteré que el motor de la bomba de la gasolina en cuestión es exactamente el mismo de un automóvil Nissan y que no era tan complejo de solucionar. Según me indicaron, es algo común en motores que pasan un tiempo detenidos.

Vudú

Pasé al supermercado por cena y al llegar a casa, Rob me esperaba solo. Me entretuve un buen rato charlando. Mientras le conté mi desventura, él reía, disfrutaba la emoción de mi relato y lo vivía conmigo. Le conté también del parentesco entre Rubén y Ene, de mi sorpresa de saber que son primos. "Qué pequeño es el mundo", me dice. Me pregunto qué pasará por su mente. ¿Le recordará viejos sucesos? ¿Le hará pensar en su último periplo? No sé, lo siento contento y eso me hace sentir mejor.

El resto de la tarde armamos su segundo libro. Hacemos un nuevo ISBN, editamos el título, la biografía, su foto. Su texto toma forma, aunque decide no imprimirlo todavía: quiere mejorarlo. Más tarde llega Ene, con quien tiene un mejor nivel de comunicación. Mientras le cuento mi anécdota, ríe y Rob revive la historia. Al final, le pide a Ene que me diga algo que ella misma no entiende. Es complejo porque no es algo que diga con frecuencia. Pasan tres o cuatro minutos hablando hasta que ella estalla en una carcajada y Rob también. Hace una sonrisa pícara y feliz. Al fin Ene comprendió su broma y le pide que me la cuente, levantando las cejas, haciendo muecas de la cara y aguzando la mirada abriendo y cerrando los ojos:

–Dice Rob –Explica Ene– Que ya no te preocupes, que ya lograron hacer su segundo libro y que ya te vas a poder ir tranquilo, que ya no te va a hacer magia vudú con la motito que tiene de juguete, con la que te hizo regresar… ¡Ya estás libre y vas a tener un buen trayecto!

Reímos con él. Su felicidad es contagiosa.

Esa noche dormí tranquilo. Me sentía contento, útil, apreciado. La mañana siguiente quise partir temprano pero esperé la llegada de Ene para despedirme. Ésta partida será la buena, la final. Al menos por un tiempo, hasta que el destino –o el vudú– me traiga de vuelta.

Rob me dice que algo cambió en su vida al conocerme. Que le he ayudado a cumplir uno de sus objetivos. Me siento tocado emocionalmente y le digo con toda sinceridad que aprendí mucho de su fortaleza, de su entereza, de su ánimo de llevar la vida. Aunque no soy muy efusivo, trato de darle un abrazo a mi manera.

Meses después, ya de vuelta en casa, pediré una copia de su libro, "The Day the Sun didn't Rise" y lo leeré con dificultades técnicas porque cometimos el error de publicarlo en un tamaño de letra pequeño, pero más allá de eso, me llama la atención que el personaje principal, Harley, es hijo no biológico del que pensó por años era su padre. Me lleva de regreso a Jim, el californiano que conocí en Pulmo: *Small world, indeed.*

Mientras avanzo por la ciudad en dirección al norte, reflexiono una vez más que en el fondo, lo que menos importa es el lugar o la distancia, lo valioso es lo que dejamos: traumas, miedos, apegos.

Mientras manejo y me cruzo con el anuncio que dice "Tijuana 1473 Kms", pienso en Rob, en su vida simple, llena de creatividad; en la suerte que tiene de que hoy existan más medios de comunicación para personas con su condición. Pienso también que sin conocerlo, se atrevió a prestarme una habitación contigua a la suya, a ofrecerme su amistad, su cocina, su confianza. Me llega a la mente el recuerdo de la cama que me prestó: tenía un agujero a la altura de la cadera, porque él lo requiere para dormir. No, no debe ser fácil.

La reflexión es tan etérea que me doy cuenta que cuando estoy en la moto, cientos de ideas cruzan mi mente y la mayor parte se volatiliza. Por más que lo intente, ya frente a la pantalla solo anoto los detalles más banales y me pierdo de otros: esas palabras, esos recuerdos, esas frases filosóficas, se olvidan y se quedan en la ruta. Debe ser por eso

que cuando viajamos, sentimos que tomamos inspiración: en realidad, rescatamos la que otros dejaron.

Mientras avanzo se me ocurren las líneas centrales de otra novela que tengo pendiente y que quiero escribir a cuatro manos con mi papá: la crónica de un pueblo de Guerrero y de tres de sus generaciones.

En el inter me cae un mensaje de Paty, la amiga de Rob, y de su hermano Edgar: él me espera para compañarme a visitar las pinturas rupestres de San Ignacio; ella ha hablado con su papá, que me recibirá en Guerrero Negro y me ofrece alojamiento. ¿Podría pedir más?

Capítulo 4. La verdadera Baja Sur

> *Vive el águila en su nido, el tigre vive en la selva,*
> *el zorro en la cueva ajena, y en su destino inconstante,*
> *Solo el gaucho vive errante donde la suerte lo lleva.*
> *Martín Fierro.*
> (De mi libreta de notas de 2008).

Como me he propuesto hablar de viajes y migrantes, regreso con cierta frecuencia sobre mis libretas de notas en busca de citas. Lo más que encuentro son reflexiones, pero éstas, de una u otra forma terminan hiladas con excursiones y travesías. Ora me llevan a un evento florícola a Nueva York, ora me transportan a un libro que leí con harto entusiasmo, me devuelven a decisiones importantes que tomé o me ponen frente a mí mismo en momentos únicos. Me pierdo sin saber hacia dónde continuar.

La frase que anoto aparece en un mantel de papel de un restaurante que se llamaba el Che Santiago. La dirección dice "Calle Shell 537, Miraflores, Lima." Al leerlo, me encuentro con una nota que escribí sobre dicho mantel: *"Che Santiago es un restaurante argentino muy simple y familiar. Una dama y su hija la atienden, en el Miraflores limeño. Sus manteles tenían todos frases de Martín Fierro. Un corte, unas papas y dos copas de tinto bien llenitas. Un excelente lugar"*.

Por eso me da miedo llegar a viejo: los recuerdos serán tantos que estallarán en un ego revuelto. Si en la mitad de los cuarenta miro diez años atrás, me transporto a la selva del Perú, a cuatro años en ese país que podrían derivar en otro libro: Lima la gris, Lima la que me hizo comprender a América Latina (¡Qué pretencioso!). Sendero Luminoso, Manuel Scorza, la Comisión de la Verdad, José Carlos Mariátegui, Flora Tristán, José María Arguedas, el ecoturismo, la selva, el Ande… El Che Santiago era parte de mis escapadas miraflorinas cuando había dinero para lo superfluo: caminaba desde Barranco por la costanera y llegaba a la calle Larco, daba vuelta a la derecha y continuaba hasta Shell. A veces me demoraba en el parque

Kennedy, sentado en una banca, con un libro en la mano –pirata, que había comprado en el centro– y miraba de reojo a la gente pasar.

Podría seguir, decir tanto del Perú, pero me da miedo. Me aterran dos cosas. La primera, exagerar el ego: que tú, querido lector, pienses que éste es un acto de presunción, de egolatría o de petulancia; la segunda, que me imagines como un viejo que vive a través de sus recuerdos, de la extinta llama del pasado, sin presente o futuro. Sé que no sería presumido decir que viví en un desván, o en un cuarto de estudiante con baño compartido y cocina de dos metros cuadrados, pero me da miedo que lo tomes como un alarde. Aunque entiendo que sabes que seré migrante hasta el final de mis días, temo un día estancarme en mi pretérito. Por eso hice la Baja, para tener algo más que contar.

Sí, mejor regreso a ella.

Carretera Uno

Apenas ahora me doy cuenta que la transpeninsular lleva el número uno. Qué gusto, saber que anduve por la vía que tiene la nomenclatura inicial en los registros de la Secretaría de Comunicaciones y Transportes. Me pregunto ahora cuál será la diez, o la cuarenta, o la última. Los números siempre ponen un halo de enigma a las cosas. Es como hablar de *pi*, de la fuerza de la gravedad, del segundo del estallido de la bomba de Hiroshima o de la hora cero. Sí, tal vez en el fondo, todos somos algo cabalísticos.

Salí hacia las once de La Paz. No antes, porque al dejar la casa de Rob me di cuenta que esta vez no era el vudú el que me impedía dejar la ciudad, sino un par de tornillos que me encontré fuera de su lugar: Ángel y equipo los habían olvidado entre la prisa del ensamble y la caída de la noche, en un rincón de la moto. Estoy seguro que todos los mecánicos latinoamericanos se cuestionan porqué los ensambladores ponen tantas tuercas y tornillos, cuando los motores, sillones, tableros, cajas de motor, bobinas o baterías se pueden sostener con menos. Con ellos a cargo, ahorraríamos mucho metal si ellos decidieran las piezas necesarias en una moto; no sé si tendríamos las mismas garantías, pero de que reduciríamos los costos, lo haríamos.

Por supuesto, al llegar al taller solo hubo risas y un par de "Ah, no te preocupes, estos no son necesarios" o "No son importantes, pero ahorita los ponemos". Uno parecía asegurar parte de la bomba.

Después de reinstalar todo en su lugar me despedí con un nuevo agradecimiento. Programé el navegador –qué útil es, sobre todo en la ciudad– hacia la ruta Uno, sin darme cuenta que ya estaba en ella. Casi veinticuatro horas después, cruzaba de vuelta por el sitio donde la moto se había quedado parada; esta vez no había Terry, ni Estaban o Rubén. Solo el desierto, con el tráfico de un sábado cualquiera.

Desierto. Matorrales. Cactus. Recta. Desierto. Matorrales. Cactus. Recta. De vez en cuando se cruzaba un poblado con desvíos que me llamaban a caminar por el lado salvaje, que me invitaban a dejar lo conocido. ¡Qué ganas de girar hacia esos caminitos de tierra! ¡Qué ganas de parar en Ley Federal de la Reforma Agraria número uno o en Conquista Agraria! Visitar la playa El Conejo o El Datilar. Sentía que me estaba perdiendo de tanto… Al mismo tiempo, me decía que no podía parar en todos los sitios: tenía que dejar atrás esos nombres de conquista laboral que no hablaban sino de la época de su fundación. Qué nueva, la colonización: Ciudad Constitución, Ciudad Insurgentes, El Ciento Veintiocho, Agua de En medio, El Ciruelito.

Hasta Loreto fueron trescientos cincuenta y seis kilómetros. Debo haberlos recorrido en casi cinco horas. Solo los últimos treinta o cuarenta fueron por la costa. El calor, soportable mientras conducía, se acrecentaba cuando me detenía, maravillado ante el escenario.

Por Nopoló apareció de nuevo la incongruencia del desarrollo turístico, con un campo de golf a pie de playa, eso sí, en un escenario de ensueño, con un hotel de lujo entre montañas escarpadas y un fondo azul profundo. En el horizonte era difícil resolver los límites entre mar y atmósfera. Al oeste, la Sierra de La Giganta emergía, dando la bienvenida a la ciudad desde sus picos interminables.

Loreto es una población pequeña. Llegar al camping fue fácil, de nuevo con el celular. Por la mañana, durante una de mis paradas había revisado los lugares para acampar. Localicé uno que tiene lavadoras, tomas de energía eléctrica, Wi-fi. Me llamó la atención la cantidad de campers de norteamericanos y canadienses: unos son tan grandes como vagones de metro, otros llevan un jeep, motos, bicicletas o jet-sky, adosados a un remolque secundario.

Ilustración 7 Llegando a Loreto. Aridez, golf y mar azul. Nopoló

Intercambié frases sueltas con algunos. La mayoría, de más de cincuenta y cinco años, jubilados o con pequeñas empresas que pueden dejar por tres meses o cuatro. Hacer la Baja es una especie de caravana, una migración corta. No vienen a quedarse, sino huyendo de su clima, de su cotidianidad, aunque las más de las veces la repiten: se juntan entre ellos, se instalan en sitios de otros norteamericanos, hablan solo inglés. Salen de la burbuja geográfica, pero no de la social. No, no buscan integración: quieren seguridad, tranquilidad, dejar que pase el invierno.

Escuché un par de conversaciones acerca de Trump, o de la teoría evolucionista. Por supuesto, uno pensaría que entre viajeros hay más apertura o respeto cultural, sin embargo me sorprendió escuchar voces muy positivas hacia el señor cabeza de zanahoria o la importancia de Dios en la ciencia. Supongo que las diferencias políticas también podrían pasar por el tamiz del estilo del vehículo, las placas del estado (la mayoría de California, Nuevo México, Nevada), la edad e incluso la ascendencia racial –no recuerdo haber visto afroamericanos– pero nunca llegué tan lejos en la socialización.

En Loreto tomé aire, tiempo, reposo. Caminé su costanera, las calles empedradas, el muelle. Hice fotos de pelícanos, de lanchas que salen a la pesca deportiva del pez vela, a la isla Carmen. Visité el palacio municipal, que tiene un enorme mural saturado de simbolismo y me senté a charlar con un grupo de cuatro chicos que, en domingo, venían en busca del zócalo o algo que se le parezca para sentarse en las bancas y perder el tiempo: vienen desde Chiapas, Oaxaca, Guerrero. Dos de ellos me cuentan sobre la dificultad de vivir en el norte, de la falta de comida *de allá*, de lo cara que es la vida, pero también de la enorme cantidad de trabajo que se puede encontrar en temporada alta. Los tres tienen teléfono celular, visten buenos tenis, ropa en buen estado: el sueño del norte en las venas.

Aunque no intento hacer una guía turística de este texto, debo mencionar que la población tiene salidas a las islas cercanas, tours de pesca, un museo al interior de la misión dominica y buenos restaurantes. Me quedé dos noches; gustosamente habría acampado un día más, desafortunadamente seguía en el sur de la península el día trece de enero. Si continuaba a ese ritmo, llegaría a Tijuana al final de mes. La idea era más que tentadora, pero los ahorros no daban para volver a Oaxaca a finales de febrero.

Carretera sin número

Mi intención era llegar a Mulegé para continuar después a San Ignacio y San Francisco de la Sierra, antes de seguir hacia el norte. La ruta Uno era opción, pero parecía demasiado sencilla. Quería vivir la Baja California Sur que recorría el famoso Rally "Baja 1000", ir por senderos de terracería entre las montañas, no solo por la costa. La primera recomendación fue ir a San Javier, una de las tantas misiones que se encuentran en la península, a unos treinta y tantos kilómetros de Loreto. De ahí podría continuar a San José de Comondú, luego San Isidro, volviendo hacia la costa, a la Uno.

Salí a las siete de mi camping, con la intención de desayunar en San Javier. A la salida de Loreto comenzaba una subida paulatina entre la sierra, por una pista pavimentada. A pesar de la corta distancia, tardé casi una hora treinta: no solo por las curvas, que hacían el recorrido más lento, sino por los paisajes. Primero subí por la montaña dejando la mar detrás: al frente, la sierra se pintaba roja con manchones verdes, mientras al fondo, el azul oscuro se encontraba con tonos ladrillo. Al avanzar, la combinación la hacían el pavimento, las cimas marrón, el cielo azul y el verdor. En cada curva se subía en el terreno; el paisaje de abajo era cada vez más bello. Paré para hacer fotos, vídeos, observar, absorto, la inmensidad. A esta magia se agregaba el silencio, impactante, aunque aún era nada, en comparación con lo que vería después. Solo que eso, no lo sabía aún.

Al llegar a San Javier me encontré con un pueblo de unas cuantas casas, cuya misión es el atractivo principal. Pensar que en el año 1700 unos monjes hubiesen decidido subir a la sierra para colonizar y catequizar a unos cuantos indígenas, me hizo pensar en nuestras contradicciones: no solo fueron valientes por un lado, sino también empecinados. Si algo debemos reconocer a los autodenominados representantes de Dios es su tozudez. Al mismo tiempo, debemos debatir el objeto de su trabajo: antes fueron a "llevar la palabra de Dios"; hoy, vestidos con otros hábitos y una teoría ligeramente distinta, llevan "el desarrollo" a los sitios más recónditos del planeta. *Desarrollo*, concepto opaco que no puedo impedirme tocar en mis textos; *desarrollo*, ¿para quién? ¿De qué tipo? ¿Entendido como qué tipo de acciones?

En esas fechas no había visto la película *Kino*, de Felipe Cazals, en la que se cuenta la historia de este misionero pionero en colonizar la Baja California. He de confesar, más bien, que mi curiosidad por las memorias de la Baja se incrementó peligrosamente a mi vuelta. El hecho –digamos– es que todas las misiones religiosas siempre me han puesto entre la espada y la pared: ¿admirarlas o criticar su acción sometedora?

San Javier me hizo ver la dimensión del trabajo de colonización. Cuarenta kilómetros dentro de la sierra, la misión se yergue imponente en un pequeñísimo valle en el que lograron producir oliva, vid, quesos, e implementar sistemas de riego. En La Palapa de San Javier, obtuve un delicioso desayuno y un café de la olla, bien caliente, que me hizo olvidar el frío serrano. Visité aprisa y me puse en marcha hacia San José de Comondú.

Al salir de San Javier se terminaba el pavimento y por fin entendí la analogía con mi vida: "cuando puedes avanzar por la de cuota hasta la meta, terminas siempre hallando la mejor forma de caer en la

terracería, la senda compleja, larga, sinuosa; te gusta ir por donde pocos andan, maltratar tu transporte, tu cuerpo, avanzar a tientas… ¿Por qué, Samuel, por qué?"

En ese tramo comenzó un camino absolutamente irregular *sierra adentro*: de inicio fue complicado descubrirlo por la nulidad de indicaciones, pero enseguida comenzó una vía de composición variada: arena suelta, grandes piedras flojas, subidas y bajadas entre la montaña y el piso rojo. La señal de celular se hizo intermitente, hasta desaparecer. Pese a mis temores, me sentía contento: al fin estaba en espacios desolados, donde la civilización desaparecía. Habría que extremar precauciones pero disfrutarlo: avanzar, observar, sentir la tierra suelta bajo las ruedas.

Fue uno de los tramos de más adrenalina: tenía una idea de dónde me encontraba pero también entendí que estaba abandonado a mí suerte. Por ahí no pasaría otra camioneta, ni Terry o Esteban. Si la bomba me

Ilustración 8. Lejos, en el interior de la Sierra
La Giganta

abandonaba o la cadena se rompía, la caminata sería larga. Por suerte llevaba mi estufa, la carpa, comida. Me sentía a gusto, admirando la geografía; el paisaje, sublime, me hacía preguntarme cómo habría sido millones de años atrás, inundado, saturado de conchas, de peces, hasta la punta de los cerros. La Alebrija comenzaba a ensuciarse, a llenarse de arena… a estar en lo suyo.

En uno de los momentos más bizarros, mientras batallaba con el terreno, me crucé de frente con dos expedicionistas: ella manejaba una bicicleta de montaña, a un paso confortable. Me vio y levantó la mano izquierda en señal de saludo. Unos veinte metros atrás, su acompañante, un chico también en la veintena, conducía un monociclo. Quisiera haber tomado una fotografía, pero mi sorpresa, unida a la complejidad del manejo, me impidieron hacer otro movimiento que no fuese afianzar el manubrio. Si yo pensaba que mi ruta era dura, ahí me di cuenta que lo mío era ventaja sobre ventaja.

En San José de Comondú encontré la última población habitada. Llegué bajando hacia una especie de quebrada, tapizada de palmas de dátil. Un lugar perdido en la inmensidad de la montaña. Otra misión –más simple, ésta– indicaba que también esa zona había sido recorrida y colonizada por los dominicos, aunque el pueblo no tenía más de veinte casas, de siglo dieciocho o diecinueve, mezcladas con construcciones más modernas. A punto de continuar, me encontré con un anuncio que invitaba a visitar un sitio de pinturas rupestres. Pregunté.

Me señalaron la casa del único guía. Toqué la puerta, hablé con él y me pidió estacionar la moto para hacer una caminata de unos veinte minutos. Tiempo después aprendería que hay tantas pinturas rupestres en Baja California, como cenotes en Yucatán. El reto es elegir cuáles visitar. Subimos a paso de cabra unos quince minutos hasta llegar a una pared de unos siete u ocho metros de altura donde vi las primeras pinturas de manera directa. Sin duda hacen soñar y meditar: ¿cómo habrán sido los habitantes de la época?

Volví a la moto tras dejar una propina a mi guía. Me puse el traje y continué hacia el norte: San Isidro. La ruta, cada vez más sola, impresionaba por su magia. A punto de llegar, una bifurcación giraba hacia el este, mi rumbo. Como eran más de las tres de la tarde, opté por aguantarme el hambre. Me encontraba a unos cien kilómetros de

la meta del día. La terracería, de noche, superaba mis habilidades: si no lograba avanzar al ritmo que esperaba, tendría que montar la tienda.

A las cinco, ya con el sol enrojeciendo a mis espaldas, comencé a temer que no lograría salir de la terracería con luz natural. Era cada vez más complejo notar las formas. Pensé que lo mejor sería preparar el pernocte, pero justo en ese punto, la senda se amplió. Instantes después estaba en el entronque con la Carretera Uno, a kilómetros de Bahía Concepción. El total del recorrido en tierra había sido de unos ciento sesenta kilómetros.

Ilustración 9 Saliendo de la Sierra La Giganta hacia Bahía Concepción

Faltaba para llegar a Mulegé, pero de ahí en adelante, la pista estaba pavimentada, con mínimo tráfico, bien señalada y en mejor estado. Por si fuera poco, la oscuridad le otorgaba a la luna, la fuerza para alumbrar la noche.

De Bahía Concepción no vi mucho. Solo recuerdo que mientras avanzaba por la costa me llamó la atención su amplitud y cómo en el fondo, detrás del brazo de mar, se dibujaban las cimas de una península dentro de la gran península. Hice esa parte en calma, midiendo, iluminando con detalle, prácticamente en soledad. Pude detenerme para hacer varias fotografías en plena noche, con la ayuda de la luna y el reflejo de las nubes.

Mulegé

Llegué a Mulegé a las siete u ocho de la noche. El nulo análisis previo del mapa de la ciudad me tuvo confundido un buen rato: al llegar busqué un sitio de camping, pero no comprendí la forma de la heroica ciudad. De un lado, en la entrada, se me mostraba una parte urbana, luego había un puente que, al cruzarlo, me enviaba a otra zona de la población. La oscuridad, el cansancio y mi ignorancia me hicieron desesperar. Por suerte el mapa del celular me llevó hasta un sitio de acampe fuera del casco urbano, sin embargo al llegar me di cuenta que no habría nada que comer alrededor. Dado que la última –y única– comida había sido más de doce horas atrás, no aguantaría pasar la noche sin alimento, así que recorrí la población de un lado a otro, en busca de un sitio abierto.

Primero me encontré con un supermercado. Compré víveres y llegué hasta un arco que descubriría con detalle el día siguiente. En un restaurante –tal vez el único abierto– me detuve para comer. No recuerdo ni siquiera qué pedí. Solo vuelve a mi memoria la sonrisa de un chica muy gentil, el sonido de una televisión a un volumen más alto de lo normal, las caras de dos vendedores uniformados y el delicioso sabor del par de cervezas que degusté mientras recobraba la energía gastada. Fue uno de los días más exigentes en manejo.

Una hora después volví al camping para armar la tienda. Me instalé en un sitio que encontré a oscuras, tras preguntar a otros campistas si debía pagar primero o bastaba con instalarse.

–*They will come.* –Me dijo un norteamericano sesentón que cocinaba en su asador, junto a su esposa –*Just settle wherever you like... you'll pay tomorrow.*

La mañana siguiente tuve que acercarme a la oficina para pagar. Estoy seguro que podría haber levantado mi tienda, empacado y partido sin que me hubiesen cobrado. Por eso la baja es tan linda para viajar: existe la responsabilidad propia y el respeto.

Antes de dejar la ciudad quise saber por qué Mulegé llevaba el calificativo de heroica. Comencé por visitar el museo de sitio, ubicado

en la parte alta de la ciudad, desde donde se domina la plaza y se tiene una vista hacia el río. Antes de ser museo, fue cárcel y conocí una situación histórica muy interesante: como reclusorio tuvo una condición muy especial. Los reos dormían encerrados por la noche, pero durante el día salían a trabajar en el campo, sin guardias. Simplemente iban y cuando escuchaban las campanas de retorno, hacían lo propio. Hay un par de fichas que cuentan cómo un reportero se sorprendió ante la situación:

"Estamos a punto de regresar cuando una figura humana llega a nuestro encuentro. Lleva unas tijeras en la diestra y en la siniestra una hoja de papel de china de la que parece recortará figuras...

−Buenos días, amigo. ¿Es usted empleado de aquí?
−No señor, soy preso.
−¿Es usted el único?
−No señor, somos cuarenta.
−Y, ¿dónde están?
−Trabajando
−¿Trabajando dónde?
−Bueno... unos cortando dátiles, otros pescando, algunos están aquí detrás, construyendo un hospital.
−¿Y los guardias?
−También se fueron a trabajar
−¿Escoltando a los presos?
−No señor, los presos no necesitan escolta, nosotros tenemos nuestros trabajos y los guardias los suyos, aunque algunas ocasiones trabajamos juntos.
−¿Y quién los cuida?
−Nos cuidamos solos
−¿Y no se escapan?
−Nunca, regresamos todos.
−Y tú, ¿no trabajas?
−Yo trabajo aquí señor. Estoy haciendo un nacimiento − eran vísperas de navidad− y además cuido la prisión."

Extracto de un texto en el museo de Mulegé. Atribuido a Fernando Jordán (Fechado "en algún momento de 1949")

Esta nota me llamó la atención inicialmente por la situación que relatan, pero ahora que la transcribo, me doy cuenta –toma nota, querido lector– que se le atribuye a Fernando Jordán, un escritor que conoceré en Ensenada, y a quien referiré en capítulos posteriores.

No es la única información que me sorprende. Recuerdo otro fragmento que describe el día que se fugó un prisionero que padecía levemente de sus facultades mentales: el director llama entonces a otro reo, amigo del que escapó –no a un guardia– y le pregunta si tomaría la responsabilidad de ir por él. El segundo accede y es equipado con un caballo, una arma, algunas municiones y alimento. La sorpresa es que lejos de escapar, días después regresa con el compañero que, arrepentido va de inmediato con el director del penal a pedir disculpas por su comportamiento. Viejos tiempos aquellos.

Mulegé está lleno de anécdotas. El museo y ex-penal es gestionado por dos profesoras que hacen su mejor esfuerzo de guiado y me cuentan también que la ciudad goza del adjetivo de heroica porque durante la intervención estadounidense, en 1847, el comandante Manuel Pineda resguardó la población y se enfrentó a la armada invasora, venciéndola. Pude corroborar esta información revisando mis notas, que lo cuentan de esta manera:

> *"El 2 de octubre de 1847 inició el embate estadounidense y fueron recibidos por la contraofensiva de los patriotas. Horas más tarde, Estados Unidos tocó la retirada con el propósito de desistir del objetivo de tomar la plaza. Al término de la guerra, cuando se firmó el tratado de paz en 1848, la Baja California mantuvo la pertenencia a México, por la heroica defensa en contra de los invasores en Mulegé, La Paz y San José del Cabo."*
>
> *(Iconografía en el Museo de Antropología de La Paz).* De mi bitácora.

Mulegé merece, sin duda, el título y el arco que adorna su entrada.

Viajar en 135 cc.

De Mulegé a San Ignacio hay unos ciento cuarenta kilómetros. Dejé la heroica ciudad al mediodía y manejé con calma, pasando por Santa Rosalía. El camino, justo en esa área, se encontraba en mal estado; la ciudad tampoco parecía decir gran cosa. Se veía sucia y desordenada. Decidí continuar sin hacer alto. Ya habría tiempo para arrepentirme después.

Tres o cuatro kilómetros más adelante se llega a una plaza central con árboles enormes. También se aprecia la construcción de la Misión de San Ignacio. En el zócalo hay restaurantes, agencias de viaje, negocios. Al estacionarme me encuentro con otro motociclista que conduce una moto más pequeña, urbana. Aunque intento entablar conversación, ésta no toma mayores vuelos. Opto pues, luego de hacer unas fotos de la misión –particularmente de unas bancas que encuentro muy simpáticas– por uno de los restaurantes en los que no hay gente, con todo el objetivo de estar tranquilo, de evitar rendir cuentas a otros *fellow tourists*.

Tras averiguar sobre los espacios para acampar, opto por el camping Don Chon, al borde de un lago. El precio es irrisorio, tal vez unos cincuenta pesos. Las instalaciones son más que básicas, elementales. No hay duchas con agua caliente, los baños están en condiciones deplorables, sin embargo hay buena onda. Después de elegir un espacio bajo un techo, estaciono la moto e instalo la carpa. A los pocos minutos se acerca el motociclista que encontré en el zócalo, hace su negociación con el encargado y elige un espacio cercano al mío (¿o llegó él primero?). Su carpa es más grande, tiene implementos para cocinar, se ve más ambientado.

Mientras prepara su cena, me entero que viene de la Ciudad de México. Su apellido me llama la atención: *Embarcadero,* como si estuviese predestinado para la aventura. Viaja en una moto *Pulsar* de 135 centímetros cúbicos. Cuando pienso en mis amigos ricos con sus motos de 1200 cc. que apenas llegan a Valle de Bravo o nunca salen de las rutas pavimentadas, rio para mí: la valentía no se mide en centímetros cúbicos.

Embarcadero salió más de un mes antes, en un recorrido inverso al mío: en lugar de tomar el ferry en Topolobampo o Mazatlán, continuó hacia el norte, por Sinaloa, Sonora, etc. Está a punto de llegar a La Paz, a nada de completar su círculo.

–¿Y qué tal la Pulsar? –Le pregunto, obedeciendo a la clásica conversación entre motociclistas: primero preguntar por el caballo, después por su merced.

–Pues pensé que no iba a llegar. Es una moto vieja que uso en la ciudad. Me animé porque tenía enormes ganas de hacerlo, pero todo el tiempo me pregunté si lo lograría. Es un motor muy pequeño. Curvea bien, baja bien, pero en las subidas es definitivamente lenta, máxime con todo lo que llevo encima.

–Sin duda, pero por lo que veo tienes todo en la maleta, estás bien preparado…

–Más o menos. La carpa es demasiado grande para mí. Si hubiera encontrado una como la tuya, la habría traído. Fuera de eso, sí, tengo un poco de todo, la moto funciona. Me da más de cuatrocientos kilómetros por tanque, es una maravilla.

–¡Cuatrocientos! –Me asombro. Yo no logro tener más de trescientos cincuenta, en el mejor de los casos, conduciendo en terracería. Debe ser muy práctico. Y hasta ahora, ¿sin problemas?

–Sin problemas. En algún momento me imaginé que si se descomponía la dejaba, pero mira, ahí vamos. Avanza bien, es ahorrativa. Es mi primera salida tan larga en moto; aunque antes experimenté con Oaxaca y Veracruz. Me encantó: es más fácil moverse. No tienes que esperar camiones, hacer reservaciones; simplemente arrancas y te vas. Me gustaría hacer uno más largo fuera de México, aunque sí, en una más grande…

Tras la charla motociclística pudimos abordar otros temas. Daniel –su nombre– es un viajero: ha estado en Perú y Brasil, conoce la mayor parte del país. Por supuesto ha estado en Oaxaca no una, sino tres o cuatro veces. Es matemático y mientras trabaja en el desarrollo de su tesis, también es emprendedor. Tiene un negocio de juguetes en internet. Es de esas personas que luchan por el futuro mientras mantienen sus convicciones. "Quiero hacer Brasil pronto, me gusta descubrir, ver otros espacios, conocer otras maneras de pensar. Uno de mis retos ha sido conocer México, para sentirme cómodo de ver

otros lugares, comparar, aprender de las experiencias de otros espacios."

Conversamos un rato, aunque estábamos cansados. Intercambiamos tips de los lugares recorridos, compartimos algo de la comida que traíamos y tras un rato decidimos guardarnos en nuestra respectiva carpa.

Al día siguiente yo seguiría hacia San Francisco de la Sierra, donde me encontraría con Edgar por la mañana. Al amanecer, antes de recoger mis materiales, intenté hacer algunas fotografías con la luz del alba, solo con el ánimo de mostrar lo que se vive cuando se despierta en la magia de la naturaleza.

Ilustración 10. Amanecer Laguna San Ignacio

> *Tal vez, si algo puedo dejar como herencia, es la sed del mundo: de aprenderlo, de reconocerlo, de recorrerlo y de darnos cuenta que es diferente, que tenemos muchas enseñanzas que seguir y nada que enseñar. Nuestra existencia es muy corta como para heredarle algo.*
>
> (Libreta "Dreams". 2/07/2008).

Cueva del Ratón

¿Quiénes eran los habitantes de la Baja California antes de que los españoles llegaran? Nómades, pueblos originarios que se movían por sus planicies y buscaban refugio en sus montañas. No sabía nada de los pobladores originales hasta que visité el Museo de La Paz, donde me encontré con esa reproducción a escala natural de un sitio con pinturas rupestres. "Tengo que ir", me dije.

Al salir de San Ignacio hacia el norte seguí por la carretera número Uno, hasta un desvío que lleva a San Francisco de la Sierra. Ahí había quedado de encontrarme con Edgar, hermano de Paty, a quien conociera gracias a Rob. Llegó en su enorme Honda ST guinda, y después de saludarnos y vernos en vivo –la Baja, el único lugar donde te das cita en la mitad de la nada y sabes perfectamente que la única persona que llega, es la de la cita agendada– partimos hacia San Francisco, unos kilómetros al este, por un camino pavimentado que más adelante se haría de tierra.

Una vez más, me encontré con la huella de AECID, la cooperación técnica española y su omnipresencia en los sitios de interés turístico y/o patrimonial. Para visitar la "Cueva del Ratón", las pinturas, teníamos que pedir que nos abriera alguien de la comunidad. Jonás nos acompañó e hizo una breve explicación. En la inmensidad del espacio charlamos sobre los hábitos locales. Se me ocurrió preguntar, porque en la lejanía se veían algunas cabras, cómo hacían para ir por ellas si en algún momento decidían no volver por su propio grado.

–A pie. –dijo– No hay más opción que caminar para traerlas de vuelta. Si no, el puma o algún bicho irá por ella. Y nos ha pasado de ir a buscarlas horas y horas.

Jonás nos contó que la cueva que visitábamos era apenas una pequeña porción de otro sitio, el que llaman San Ignacio, pero que requería tres días para acceder a pie, con uno o dos burros que llevasen el alimento y el material de acampe. Lejos del presupuesto y del tiempo.

Optamos por partir de vuelta hacia el norte. Antes, paramos varias veces para hacer fotografías. El paisaje era, como una constante ya establecida en el viaje, sublime, interminable. Enormes montañas que combinan el verde y el rojo en perspectivas infinitas, o simples

Ilustración 11 El brujo, la ruta, el paisaje. ¿Qué podemos aprender, sino a ver?

miradores naturales que te roban la mirada a decenas de kilómetros de distancia: verde, montaña, cielo azul.

Y moto: moto entre amigos, compartiendo el poder de la ruta. Observando lo que nunca se termina, el despoblado, lo que insistimos en conquistar y llenar de nuestra huella, de nuestro impacto. A la distancia se distinguía vagamente la ruta Uno, en su perenne rectitud, apenas sacrificada de vez en cuando en una curva casi inútil.

Después de unos cuantos kilómetros de terracería y veintinueve de pavimento, estábamos de nuevo en la artería eje de comunicación de Baja California. Yo continuaría a Guerrero Negro; Edgar, al Sur.

Quería avanzar. Los días pasaban, pero también me quería parar en cada rincón, descubrir, absorber lo que veía. Nada había que pudiera no gustarme. Novedad sobre novedad, ensoñación por el paisaje. ¡Ah, si algún día encontrase la forma de poner por escrito todo lo que pasa por el casco!

Ojo de Liebre

Tenía que llegar a Guerrero Negro, donde me esperaba Ricardo, padre de Edgar y Paty. ¡Qué honor! Así se construye la red: de A a B, de B a C, luego a D, regreso por A… y uno contactando a Z con J, solo por el gusto de generar encuentros. Paty me había dicho que su papá estaría encantado de tenerme en su casa.

Adelante encontré un anuncio que decía "Laguna Ojo de Liebre". Yo pensaba en Guerrero Negro y me imaginaba sal de mar y ballenas. Estando en el mes de enero, me decía que sí, que tal vez sería un buen día para repetir lo que había visto años atrás en Ecuador: ver surgir a una bestia enorme, de más de diez toneladas, desde el fondo del mar y hacer un salto desde la peor ergonomía: unas alas pequeñísimas en comparación con su cuerpo, y una cola –esa sí, gigante– que la impulsaba. Naturaleza incomprensible.

No pude avisar que tardaría más. La señal de teléfono, a pesar de ser el bravo y emprendedor norte mexicano, no funcionaba. Me dije que igual tenía que salir de la principal y entrar a la terracería hasta la laguna, ¿Qué eran veinticinco kilómetros y cuatro horas de retraso?

Desde que tomé el desvío sentí de nuevo esa soledad de La Baja. En el fondo se dibujaban a veces unas colinas y de pronto un horizonte interminable. Era una zona de salinas: las pequeñas lagunas se extendían a profundidad de campo, con tonos rosados, azulados, blanquecinos. Los bordes eran terrosos, de arenas claras. De vez en cuando se aparecía una enorme máquina amarilla que rasgaba la geografía y –supongo– recogía la sal. Arcilla húmeda, ruedas que resbalan. Vida en el vacío. Laberinto sin paredes.

No me crucé con un solo auto. Más adelante, encontré el estero Ojo de Liebre. Tres cabañas de madera pintadas de blanco evidenciaban algo de vida de pescador. Un estacionamiento delimitado por piedras pintadas de blanco y al fondo una construcción alargada, con un esqueleto de ballena al lado. Era el salón de eventos de la cooperativa y la taquilla, donde la única mujer del grupo de trabajadores atendía el cobro y se quejaba del machismo de sus colegas.

El cielo seguía gris, triste. Después de sacar mi cámara y estacionar, abordé la lancha. Solo 5 personas: una pareja de norteamericanos, dos alemanes –de los cuales uno tenía una maleta de fotografía del tamaño de mis dos maletas laterales– y yo. Supongo que nuestras expectativas eran distintas. Yo no esperaba mucho después de charlar con la chica de la caja, que me explicó que aún no era el momento de las ballenas, pero que podríamos ver una o dos que ya habían sido localizadas. *Et pur,* la esperanza nos mueve. No vimos más de dos o tres aletas, unos cinco resoplidos de sesenta centímetros y tres cuerpos inmensos dentro del agua. Safari fotográfico mediocre; buen paseo marítimo.

Algo después del mediodía –hacia las dos– abordé una vez más a la Alebrija, no sin parar un par de veces para observar el paisaje y tratar de no perder mi norte, pues de pronto se abrían sendas que dejaban todo al albedrío. Es increíble lo fácil que es perderse en el llano, sin referencias. Ahora comprendo a Alicia, que a cada rato tenía que preguntarle al gato… ¿Será *Cheshire* nuestra perdida conciencia o el ánima de los ancestros que nos guían?

Ricardo, radioaficionado

No estaba lejos de Guerrero Negro. Kilómetros más adelante me lo indicó una glorieta que entraba hacia el oeste. La señal telefónica había vuelto y pude llamar al señor Ricardo:

–¡Buenas tardes, Don Ricardo! Le pido una disculpa por llegar hasta ahora, pero me detuve en la laguna Ojo de Liebre porque quise ver si veía algunas ballenas… Ya estoy por acá en la entrada. ¿Me podrá mandar su ubicación?

–Hola Samuel. Dime Ricardo, por favor. No sé cómo hacer eso, pero mira, es muy fácil para llegar. ¿Dónde estás?

Y así, después de mi ignorancia para llegar, aunque acercándome, me encontré con el Señor Ricardo y un amigo que me encontraron a unas cuadras de la meta ("¿Tú eres Samuel, no?" y yo casi: "¿Pues cómo lo supo?"). Me acercaron a su casa y pude estacionarme.

Originario de Sonora, Ricardo amaba la bicicleta y gracias a ella, se trasladaba de su pueblo hacia Guaymas, para saludar a su familia. Desde pequeño le gustó viajar, moverse. Frecuentemente se escapaba a Hermosillo a los bailes, andaba a pie, en bici o en el medio de transporte que estuviese disponible. Nunca tuvo empacho o miedo de dormir en el monte. Tiempos aquellos, en los que gustaba y podía viajar. Hoy, aunque en plena condición de salud, prefiere estar en casa.

Su hogar es una pequeña construcción de un piso, con una sala comedor, una cocina, dos habitaciones y un estacionamiento cerrado. De vida sencilla, Ricardo llegó a Guerrero Negro como mecánico para la industria de las salinas –la empresa, la mina– hasta que consiguió jubilarse. Hoy los hijos han emigrado, excepto dos: uno, que trabaja en la salinera y otro (¿otra?) que permanece en Guerrero Negro. Hombre humilde, sincero, de pocas palabras.

En su sala atesora una libreta en la que guarda los mensajes de sus huéspedes. "Muchas gracias, tío, por habernos recibido"… *"Thanks a lot Ricardo, for your kind help, we are so happy to have been greeted by you here…"* Hay páginas y páginas. Por supuesto que no me atreví a revisarlos todos, pero me habría encantado.

Después de ofrecerme comida que él mismo cocinó, hacemos una larga sobremesa de memorias, en la que descubro en mis nuevos amigos, Paty y Edgar, dos hijos que a su modo son réplica de un hombre talentoso y de gran corazón. Antes de que su esposa partiera de este mundo, Ricardo recibía a más amigos y familia: Guerrero Negro es una pequeña ciudad desierta en la que el viento corre con fuerza. Por suerte la casa de Ricardo es uno de esos Oasis del viajero. No cabe duda, el carácter se hereda.

–Recibí por ejemplo a un señor que viajaba en una carreta con su burro. Estaba recorriendo la península. También he recibido australianos, y a muchas personas. Acá, tengo una regla básica: el que se queda, cocina o lava los trastes, cualquiera de las dos. Es también una oportunidad para charlar e intercambiar. La Baja está llena de personajes.

–De verdad que sí, –respondí. ¿Y nunca ha tenido situaciones complicadas con gente rara?

Se río. –¿Sabes? Tengo una muy buena: un día tuve a un asesino en casa…

–¿De verdad? –Inquirí. ¡Cuénteme!

–Bueno, pues fíjate cómo fue: cierto día jueves estando aquí, llamó a la puerta un señor buscando trabajo como albañil. Venía en bicicleta y en una bolsa traía su herramienta de trabajo. Le invité a pasar hasta mi pequeño taller. Ahí me comentó que un día antes había llegado al pueblo. Según me dijo, había rentado un cuarto antes de entrar al poblado, en una zona donde hay unas caballerizas, que aquí conocemos como Las Perchas. Me dijo también que tenía poco dinero por el costo del alquiler del cuarto, pues había pagado cien pesos y no le alcanzaba para ir a desayunar, así que me pidió un taco. Como es siempre mi costumbre, le pregunté si sabía cocinar y me dijo que era muy bueno, así que lo dejé preparar el desayuno. Al terminar nos quedamos charlando y me contó que necesitaba hacer una parrilla para su bici, para transportar sus herramientas. Le ofrecí el servicio y tomé las medidas, citándolo el siguiente domingo para instalarla. Le orienté sobre una forma de encontrar labor y se retiró. Al día siguiente, volvió y me contó que ya tenía trabajo por un tiempo, así que no le volví a ver. Lo increíble es que un domingo después salió en el noticiero local una nota en la que contaban que el sábado por la noche, en el lugar llamado Las Perchas hubo una pelea y en ella resultó muerto el propietario del sitio, siendo el asesino un albañil que le rentaba una habitación. Mi sorpresa fue enorme, pues el tipo se había portado muy bien aquí. Del señor de Las Perchas, cuyo nombre no recuerdo, pero le decían "El Güero", se sabe que era muy afecto a ofender cuando se emborrachaba. ¿Quién habrá sido el culpable o en qué circunstancias habrá sucedido?

–Wow, Ricardo. –Mire que los humanos somos complicados, –le dije. Uno recibe a la gente, pero nunca sabe lo que hay detrás de cada uno.

–Sí, puede ser, pero también te puedo decir que según la forma en que trates a las personas, ellas te tratarán a ti. Ya ves, el albañil se portó muy bien conmigo y no hice otra cosa que ayudarle en lo que pude.

–Cierto. Es imposible saber, pero coincido: es mejor intentar y ser buena gente; hay más posibilidades de encuentros afortunados que malos... Oiga, y ahora que ya recibe menos gente y está jubilado, ¿no se aburre?

–Desde hace años generé la afición por la radiocomunicación civil, y eso es lo que me entretiene. Todos los días hago un reporte del clima y nos saludamos con los colegas. Existen dos bandas: la pirata, de los 11 mil hertz, donde siempre nos encontramos con traileros, con amigos de lugares más alejados. Nos contamos novedades, charlamos… y también está la banda de los 2 mil hertz. Ésa es pagada.

–¿Hace cuántos años que participa?

–Bueno, depende. Cuando trabajaba en la salinera la usábamos para el trabajo: no había señal de celular y como viste, aún ahora es inestable, pero antes era diferente. Siempre la usamos como un medio de comunicación y de ayuda. A la gente se le descomponen los autos, se pierden, se atascan y entonces hacíamos también el servicio de acudir hasta ellos. Una vez, por ejemplo, manejé como cuatrocientos kilómetros para llevar unos tacos de machaca y una pieza para un auto que se había descompuesto en las salinas. Parece una distancia demasiado larga para la zona, pero hay muchas vías, la gente se confunde, se le acaba la gasolina.

–¿Y ellos le pagan la gasolina?

–Nunca pedimos nada a cambio, es un ejercicio de solidaridad, de ayuda. Hoy por ti, mañana por mí. Nunca sabes cuándo vas a necesitar apoyo de alguien, entonces simplemente lo damos. Ahora ya estoy grande para irme solo, pero siempre estamos pendientes, para lo que se requiera. Conozco muy bien la zona, puedo guiar, dar sugerencias.

Una vez, sacamos también a una familia, que venía con varios niños: se habían perdido y en la noche siempre es complicado salir.

La solidaridad, el corazón del que menos tiene. Ricardo me contó que años atrás consiguió una cama fiada, para recibir gente: "No tengo, pero apoyo como puedo". Al irme a dormir no tuve más pensamientos que esos: el día que mi moto se descompuso, lo primero que me preguntó un tío fue si tenía "asistencia en el camino". No, no son los tiempos, somos nosotros. No es el miedo, es la falta de magia, de corazón, nuestro encierro en mundos banales. La solidaridad no está en crisis, la crisis está en nosotros.

Cenamos con tortillas de harina, un plato con frijoles y algo de carne. Tomamos agua de sabor y un té. Me ofreció una cama en el cuarto de las visitas y en ella extendí mi sleeping. Afuera el viento seguía fuerte, pertinaz, testarudo. Esa noche dormí plácidamente preguntándome qué es lo que hace la solidaridad: ¿Acaso solo se hereda? ¿La podemos cultivar?

La mañana siguiente, después de un café, Ricardo me invitó a conocer su cuarto de comunicaciones. Ahí, en un pequeño habitáculo había un mueble, y en él, unos seis aparatos de comunicación, micrófonos, bocinas, eliminadores de batería. En un reloj adosado a la pared leía la temperatura, la humedad y la hora:

> *"Ricardo, la XE-2 , desde Guerrero Negro, te saludo con mucho gusto. Hago extensivo el saludo a todo el componente familiar... Y apoyando los trabajos de esta mañana, pues me voy a reportar: tengo 12 grados de temperatura, 68% de humedad y viento en calma. Esto es lo que tengo Pepe, te retorno tu señal, 5-8"*

Después de esta pequeña charla me despedí. El tiempo me obligaba a continuar. Sacamos la moto de la cochera, subí mis maletas y nos despedimos con un abrazo y un buen apretón de manos. ¡Gracias Ricardo![6]

---

[6] Durante la etapa de revisión del texto, Ricardo me hizo una confesión: "Mira Samuel, lo del albañil, no pasó hace años: sucedió unas tres semanas antes de que tú llegaras".

Ilustración 12. Ricardo, en el reporte diario

Al norte del paralelo 28

Unos kilómetros al norte de Guerrero Negro está el paralelo 28, límite arbitrario y humano a la redondez terrestre. Qué ganas las nuestras, de separar, marcar, delimitar, apropiarnos, señalar, partir, dividir. Al norte del 28 comienza el Estado de Baja California, ya sin el "Sur" en el nombre.

El primer Estado que dejó de ser gobernado por el PRI, tras las elecciones federales de 1988, no las más contestadas, sino las del fraude más evidente. El estado negociado con el centro; el que se otorgó al PAN, tras el fraude a Cárdenas y Maquío. El premio de consolación de una democracia nacional siempre en ciernes. El estado fronterizo.

Ahí, pasando Guerrero Negro, inicia, cruzando por el Valle de los Cirios, otro de esos paisajes desérticos y vacíos que se extienden por el horizonte. El México que bien dibujó Estados Unidos en los años cincuenta, de los cactus, piedras rojas y mexicanos ensombrerados.

Calor infinito, rectas interminables, sol de aplomo, radiante en el día y helado por la noche. Que no se descomponga un auto, que no se pinche la llanta. *Que Dior nos agarre confesados.*

Probablemente la distancia más larga que hice en un día, en la península, fue ésa: alrededor de 450 kilómetros. La mayoría de pavimento, pero en un paisaje singular y con una bifurcación en la que la decisión era central: quería visitar el Observatorio Astronómico de San Pedro Mártir, pero no sabía si llegar por el Este o el Oeste. Decidí hacerlo por el Este, aunque más tarde descubriría mi error.

Dos horas después de salir de Guerrero Negro llegué a la bifurcación: ¿Cataviña o San Felipe? Ambos nombres me decían más o menos lo mismo: nada que lograse identificar. El observatorio está justo en la mitad de la península. Igual daría una u otra, y no me llamaba visitar San Quintín, donde recientemente se había hecho una gran protesta de jornaleros, en empresas productoras de hortalizas. Decidí San Felipe.

La carretera se fue haciendo agreste, con tramos en reparación. Nada imposible de transitar, pero sí lento: arena suelta, gravilla, soledad. En un punto la encontré partida en dos: resultado del último huracán. Imposible tomar un ritmo de conducción, pues se interrumpía y había que rodear por terracería.

Después de cruzar una suave cadena montañosa, comencé a costear el Mar de Cortés, azul, transparente, asceta. A las zonas residenciales se intercalaban viejos campers, descoloridos, sin chispa, como cementerios de escualos a los que llegaban a recalar los migrantes de pobre condición. Tal vez los que habían intentado el cruce al sueño americano y no lo habían conseguido; posiblemente los exiliados del capitalismo. Carros grises, en jardines grises, en los que a duras penas sobresalía una planta del desierto, una maceta con flores, un letrero con el kilometraje, o el nombre de la casa.

No podía dejar de pensar en la Patagonia, en los pueblos de refugiados: ¿salteadores? ¿olvidados sociales? ¿Ermitaños del mundo del dinero? ¿Quién querría vivir en esa soledad? Tal vez pescadores o mecánicos; o constructores de la pista que habían encontrado el espacio vacío años atrás. ¿Cuántos testimonios podría encontrar en cada casa? ¿Cuántos de ellos se habían quedado en tránsito?

Entre reflexiones, fui avanzando por rutas de polvo, de nostalgia. Como vería los días subsecuentes, ahí comenzaba la verdadera

frontera: en la esquina donde se encuentran las desigualdades. En ciertos espacios se veía agua, en otros solo desierto; cada kilómetro pintaba a su habitante: si la playa era accesible, urbanizaciones para residentes ricos, si había acantilados, entonces la zona era para los locales y los pobres. El modelo del capital que se repite una y otra vez: en los extremos y los límites urbanos siempre estarán los que prestan servicios para los que están en el centro de la ciudad. Reyes y siervos, desde los tiempos feudales, aunque hoy les llamemos distinto.

Llegar a San Felipe fue decepcionante. Una pequeña urbe costera con un reducido malecón y hoteles de mediana categoría. Me hizo pensar en un lugar de paso, no en una ciudad. Varios jóvenes en cuatrimotos parecían hacer el rondín de seguridad: ¿quién entra, a dónde se dirige, qué trae? No quise averiguar más, simplemente me detuve en un restaurante para comer. Buenos mariscos, por supuesto. Un par de merecidas cervezas y mucha observación. ¿Dónde estaba?

No me sentí en confianza. Decidí comer pronto y guarecerme antes de la caída de la noche. El ambiente se adivinaba denso. Encontré un camping al borde del mar, pero no pude acampar en la playa. Las duchas y baños estaban en un edificio, mientras el área de acampe individual era la terraza de una construcción, en cuya planta baja había una banca de madera y en lo alto, el *deck*, para instalar la carpa. No había más personas acampando; solo un par de camionetas-camper.

La noche fue ruidosa. Me pareció escuchar lanchas que entraban y salían del muelle. Preferí no inquirir, pues de algún modo me hacía pensar que los materiales transportados no requerían más que la luz de la luna para un mejor funcionamiento. ¿Sería que en San Felipe sucedían más cosas durante la noche que durante el día? Temprano, la mañana siguiente, salí con dirección a San Pedro Mártir. Era tiempo de cruzar de regreso hacia el oeste de la península.

San Pedro y el martirio

A pesar de que intenté pasar directamente desde San Felipe, la novedad fue que no existía una ruta directa. En San Matías encontré una comunidad donde traté de informarme, pero no hubo quien me diera una opción convincente, sino vagas alternativas: "Sí, tal vez llegando al Mike's Sky Ranch, podría cruzar desde ahí"; "No, me parece que está complicado. Mejor salga hasta la Uno y se devuelve"; "Avance otro poco y pregunte más adelante…"

Decidí no correr el riesgo de estar obligado a volver. La vía más cercana me sugería ir hasta San Vicente y retomar hacia el sur, a Punta Colonet, desde donde continuaría hacia el parque. Me tomó más de  medio día llegar hasta la Uno. Transité por una terracería de unos setenta kilómetros en la que los charcos eran una constante. Me daba miedo caer en alguno que fuese profundo y que la moto quedase atascada. En toda la zona, rumbo a "La Calentura", había ranchos, todos alejados y dispersos.

A las tres o cuatro me paré para comer algo. Era un poblado de migración evidente: camionetas e invernaderos evidenciaban que ya estábamos en la zona productora, pues incluso había viñedos. Las calles de tierra y las viejas camionetas mostraban que ahí se trabaja a destajo y que para hacer dinero hay que laburar mucho y fuerte. Bendito capitalismo: San Quintín estaba solo a unos kilómetros.

 Alrededor de las cinco encontré la desviación hacia San Pedro. El mapa marcaba cien kilómetros. Calculé que en el mejor de los casos, me tomaría un par de horas; la tarde caía y tenía que avanzar por curvas en la montaña. El paisaje, espléndido, me permitió entusiasmarme un rato, inclusive con las "bolas del desierto" –espinas rodantes sin rumbo– pero en la medida que la tarde comenzó a caer, la preocupación silenció a la belleza: la temperatura bajaba y aunque había leído que había cabañas, no estaba seguro de su disponibilidad. Me tranquilizaba llevar la tienda, pero no sería garantía en el frío.

Casi anocheciendo logré cubrir la distancia marcada. Al llegar a los límites del parque, una valla franqueaba el paso y nos obligaba a permanecer o volver. Un anuncio informaba que las visitas se hacen a las diez de la mañana, todos los días. No había más opción que esperar. A más de dos mil ochocientos metros de altitud, y en pleno mes de enero, el piso estaba cubierto por una capa de nieve.

–Si usted trae su carpa, se puede quedar. No tenemos cabañas habilitadas ahorita. Elija un lugar y monte ahí. ¿Alimentos? No, no tenemos.

Por suerte guardaba un par de frutas y un pan. Ni siquiera recordaba de dónde habían salido, pero serían mi salvación. Logré instalar la carpa debajo de un cobertizo en el que ya también se había instalado una pareja –un español y una chilena– y conseguimos armar un fuego, que nos acompañó buena parte de la noche, mientras charlamos, compartiendo los alimentos que teníamos. Esa noche dormí poco, aunque fui feliz en mi carpa, que me hacía sentir donde yo quería: entendiendo que la vida puede ser mucho más simple que lo que uno imagina, y que la luna sigue siendo un privilegio que todos podemos disfrutar sin suscripción.

Ilustración 13. San Pedro Mártir. 2800 msn.

Por la mañana, antes del despunte del sol, salí de mi encierro para caminar por el bosque, en tanto nos permitían el acceso al parque. Hice fotos, admiré la vista desde lo alto de la montaña, e incluso medité que cagarse de frío no es del todo malo, sobre todo cuando ayuda a pensar lo que se quiere de la vida.

A las nueve y media nos abrieron la reja de acceso. Teníamos que recorrer dieciocho kilómetros para llegar al observatorio. Con la moto, lo hice rápidamente y en la punta del convoy, lo que me permitió ver un par de zorros, así como regocijarme de que a pesar de todo, todavía existen cuidadores de la naturaleza y áreas protegidas. La montaña seguía cubierta de nieve, aunque el pavimento estaba limpio, sin agua de deshielo.

Más arriba, otra valla cerraba el paso. Nos estacionamos y esperamos a que la guardia militar la abriera. Nos hicieron seguir en caravana y tuvimos acceso a un par de edificios, entre ellos el principal, donde se encuentran los telescopios más grandes. Sin duda ser científico tiene grandes ventajas: las vistas deben facilitar la creatividad. Por si fuera poco, la posibilidad de observar el universo con esa tecnología, es única. Nos explicaron la manera en que operan, aunque no pudimos hacer observación celestial: para eso, había que ser miembro de la comunidad de investigadoresy pernoctar en el centro.

Alrededor del medio día terminamos la visita y nos escoltaron hasta la valla perimetral. Dejé que los demás bajaran primero y descendí lentamente, parando en un par de sitios para hacer fotografías y comer de lo poco que me quedaba. Me sentía cómodo en el campo, en el bosque.

Bajé con el motor apagado para regocijarme de la tranquilidad, pero no noté que al frenar se calentaban las balatas traseras, y una vez que salí de la segunda valla sentí de golpe que el freno trasero dejaba de responder. Asustado, intenté alguna solución pero no encontré más que arrancar para frenar con motor. Hacia el kilómetro cincuenta las balatas volvieron a la vida, y con ellas mi respiración se normalizó.

Paré a comer a unos treinta o cuarenta kilómetros de Ensenada, mi destino siguiente. El paisaje, ya con más tránsito y fincas productoras a los costados, ofrecía un panorama menos desolador. En el sitio donde me detuve adquirí un sándwich, así como un par de mermeladas de fruta. La comida, después de más de 24 horas de supervivencia y frío, fue un regalo. Bendito capitalismo, que nos aportas comida rápida y botellas de cerveza.

Capítulo 6. *Fancy* Baja

> *Transcurrieron varias semanas [tiempo para que volviera a ser el Dandy de antes: manos, modales]... al encontrarme con antiguas amistades, quienes se mostraban propias a ridiculizar mi heroica afición en pro del bienestar humano, les hablaba de mi reciente fase de vida como si en efecto fuese materia abonada para la burla. Aquella vida habíame permitido pasar el verano en forma agradable y nueva y me había proporcionado nuevos tipos de sencillez artificial. Así pues, no podía atribuírseme la estancia ahí como un fracaso. (Hawthorne, 2001: 227).* Libreta de notas (2010). [7]

Ensenada

Lo primero que me preguntó Jorge Luis fue si lo había seleccionado como *couch* solo porque había respondido rápido. Lo segundo que me dijo fue que me imaginaba más joven. Después de ese breve intercambio, siendo las ocho o nueve de la noche, me abrió el portón de su casa y me permitió estacionar la moto. Luego de bajar mis cosas me enseñó una habitación con pisos y paredes de madera, dándome la bienvenida a la que sería mi casa por dos o tres noches. Después de acomodar mis cosas y tender mi sleeping, salí a la sala.

–¡Así que vienes desde Oaxaca! ¿Y trajiste mezcal?

---

[7] En algún momento de 2010, no recuerdo si fue en la Librería El Virrey, en Lima, o en una de mis primeras visitas a librerías en Buenos Aires, me hice de "La historia del Valle Feliz", de Nicholas Hawthorne [1842], donde cuenta su experiencia participando en una comuna, modelo que hoy llamaríamos "alternativo" de vida, en el que grupos –principalmente de intelectuales– decidían hacerse de un gran terreno e instalar un estilo de cohabitación basado en los principios del socialismo-comunismo. Hace años supe de la de Fourrier, pero fue muy interesante encontrarme con el libro de este gran escritor, donde narra en primera persona, su testimonio. La decepción por la humanidad –o más bien la falta de ella– de sus congéneres es evidente, así como la ruptura del sueño colectivo.

—No para mi mala suerte, ¡pero seguro podremos ir a probar las cervezas y comida local!

Ya he hablado de Couchsurfing antes, uno de esos inventos de la economía solidaria: si tienes un espacio en tu casa, no importa si es un sofá, el piso o una lujosa habitación, lo ofreces en una red social en la que los solicitantes tienen un perfil y evaluaciones de otros *host* que los han recibido. Si te parece una persona adecuada con la que podrías sostener una conversación, hacer deporte o ir de fiesta, entonces la aceptas. La persona se queda en tu casa y tú fijas las reglas, así como los días que puede permanecer.

Conocí el fenómeno *couch* hace más de diez años, mientras hacía mis estudios en Argentina: Blake, mi co-locatario, me invitó a sumarme y asistí a varios eventos; recibimos un par de personas en casa y conocí a varios *surfers*. En 2010 éramos pocos. Él, que comenzó por 2005, fue pionero. Me gusta definirlo como "*Un pequeño grupo de amigos que no se conocen, pero pronto lo harán*". En casa recibí más de 50 personas y nunca, jamás, tuve un detalle: somos viejos conocidos, como de otra vida.

Hoy, existen más de 10 millones de *couchsurfers*, y como todo lo que crece, se pierden los valores, los ideales, las búsquedas… ahora la gente se inscribe para ahorrarse la noche de hotel, olvidando que lo más importante es el intercambio cultural, el trueque de cervezas o tips, y para algunos afortunados, la posibilidad de conocer a alguien, aunque se insiste que no es un *Tinder*. Es solo como la vida: a veces te cruzas con la persona adecuada, otras no. Si eres suficientemente inteligente, tendrás un amigo/a más.

Jorge Luis tenía en el nombre el reto de un ilustre, aunque a Borges muchos dicen conocerlo, pero más de tres solo de dientes hacia afuera. Con mi *host* no fue así. Lo leyó y tiene sus favoritos, pero no solo eso: resultó que también conoce al gran Umberto Eco y, para mí, ya son palabras mayores. Estudiaba su doctorado, así que sin duda congeniaríamos y saldríamos a tomar una buena cerveza mientras sosteníamos una charla menos banal. Sí, a veces importa.

Durante los días que pasé en su casa conocí a su mamá, así como a un par de amigos artistas. Como suele suceder en el mundo *couch*, cada quien arma sus días en función de sus intereses y trabajo, pero al final de la jornada, o a la hora de la comida, *hosts* y *visitantes* se reúnen para compartir alimentos o tragos. En mis tiempos solitarios fui al

museo-hotel Rivera, ahora centro cultural. Su gran jardín, propicio para las sesiones fotográficas de familia o de novios, es un sitio especial en Ensenada. De no perderse, su bar, donde se presume la invención de La Margarita, ese trago tan famoso y fundamental para los norteamericanos que visitan México.

Pasé más de tres horas en el centro cultural, haciendo fotos de su arquitectura. Observé a los visitantes, e incluso descubrí su desvencijado museo y su pobre tiendita donde, a pesar de la aparente humildad de prendas y piezas, me encontré con un libro de Fernando Jordán que leí demasiado tarde.

Sin duda la Guerrerense fue uno de mis sitios favoritos. Debería volver solo por su tostada de atún, o de pulpo… aunque estoy seguro que una vez estacionado, tendría que rebobinar y recomenzar todo el film. Por supuesto que además de lo gastronómico –tuve la suerte de que mi *host* fuera un *bon vivant*– lo que hace diferente a couchsurfing es que en la afinidad de gustos, uno puede ir de fiesta y visitar diferentes bares o restaurantes, siempre bajo la recomendación de un local. Ni un Airbnb o hostel pueden ganarle a esta posibilidad. Tejer redes debería ser una actividad central de la vida.

Buenas charlas y momentos. Hacía días que no tenía la oportunidad de conectar con un local y definitivamente reviví su importancia: pláticas que permiten entender a la sociedad que se visita, sus tipos de vida y por supuesto apreciar los detalles de las casas, como la cortina de baño de una de las habitaciones-departamento que renta a estudiantes, con impresión de *mapamundi*.

Historias de Couchsurfers, tiene muchas. Jorge Luis, su madre, y su perra Arya, han recibido más de cien visitantes: chinos que viajan con todo el kit de cocina, canadienses que no hacen absolutamente nada, e incluso personas que incumplen con la cantidad de días que solicitan y hay que correr. Para Jorge Luis siempre hay buenos y malos, aunque su visión se mantiene positiva en el balance.

Después de visitar incluso la parte turística –La Bufadora, especie de mercado de artesanías corrientes, con restaurantes sencillos, micheladas baratas y miles de autos buscando lugar para parquear– me di por bien servido de la visita a Ensenada. Sin duda me quedo con ganas de volver al tour culinario, y de visitar La Bufadora en un día sin gente, en el que se pueda apreciar de verdad el fenómeno del mar entrando por el acantilado con tal fuerza que se escuche como el mar "bufa", y no los ruidos de los visitantes o vendedores.

Valle de Guadalupe

La mayor parte de la gente va al Valle de Guadalupe a vivir una vida de rico: vinos artesanales, alojamiento de primer mundo y hedonismo que se respira por todo el espacio. Mi caso, como pobre motociclista mochilero fue distinto: digamos que fui a hacer un análisis sociológico de por qué tampoco funciona la vitivinicultura como estrategia para hacer un mundo más justo e igualitario.

De un lado tienes a los grupos económicamente pudientes que compran terrenos para hacer viñedos y casas con una arquitectura cercana a lo perfecto. Si piensas que encontrarás al productor francés de Beaujolais o Châteauneuf du Pape, con sus botas plásticas embarradas de lodo, el pantalón manchado y la camisa blanca sin fajar, mientras se limpia con un pañuelo el sudor de su cara rosada, has caído en el estereotipo equivocado; acá los productores alternan vivir en su *terroir* con una gran ciudad, y cuando están, andan en camioneta del año vistiendo ropa de moda. En México este negocio es de élites.

Del otro lado están los humildes productores, pero no son propietarios de sus tierras: una buena mayoría son trabajadores de los primeros. Vienen de lugares recónditos del país, buscando el sueño *norteño* con ánimos de cruzar la frontera y hacerlo *americano*. Son personas de bajos recursos, migrantes, que cuidarán, pisarán, embotellarán y cargarán el vino para que sus "legítimos" dueños lo lleven al concurso de Napa Valley, o a un certamen francés, donde recibirá un par de medallas o condecoraciones que colgarán en una oficina, a manera de trofeo de caza.

En oposición a la riqueza se puede observar, por ejemplo junto al camping en el que dormí, un kinder rural, al que supongo no van los hijos de terratenientes: una escuelita perdida en la inmensidad, con una aula de un piso y baños a unos metros de distancia, delimitada por una malla ciclónica. El mobiliario exterior se complementa con unas cuantas ruedas de llanta pintadas de amarillo y verde, que fungen como juegos para que los niños se entretengan en el recreo. Al fondo, un par de columpios terminan de delimitar el sitio, la escuela de

siempre. Para más decoración, se observan papeles de colores pegados en las ventanas, así como números grandes y algún planisferio.

La escuela tenía tres niños y una maestra. Dado que en ese momento mi novia se dedicaba a la educación maternal, recordé sus charlas, en las que me contaba cómo era ser educadora de kinder rural: labor de enseñante, directora, psicóloga y conserje, por el mismo sueldo, sin oportunidad para negociar el cambio a una escuela de la ciudad, y con el reto suplementario de cumplir la misión educativa con unos cuantos juguetes y papás de escasos recursos. Niños que frecuentemente vienen sin desayunar, con tos y gripe.

Mientras avanzaba me preguntaba con qué soñaría la *miss*, ¿qué haría para entretener a sus pequeños? ¿Qué pensaría del famoso Valle de Guadalupe y el "desarrollo" que aporta? Cada lugar es como te toca vivirlo.

Por supuesto, llevar una BMW y una billetera con tarjetas de crédito es afortunado. Yo, por ejemplo, me encontré con el camping Airstream, donde había unas siete u ocho campers de los años sesenta, convertidos en casas de campaña o cabañas de metal, como se les quiera ver. Cuando César –el propietario– me vio llegar, me saludó y preguntó acerca de mi procedencia.

El camping –en el Valle de Guadalupe se llamaba "Glamping", por aquello de que se combina el glamour con el camping– estaba prácticamente vacío y aunque estoy seguro de que en un inicio César me vio cara de cliente, se portó muy gentil cuando le dije que buscaba acampar y no rentar una de las fabulosas burbujas de metal.

–Págame el precio del camping y quédate en una de las campers – me dijo sin más– No hay gente y está haciendo un chingo de frío. Te vas a congelar.

Sin siquiera pensarlo, acepté su propuesta y le agradecí. Me dio acceso a los baños compartidos donde tomé una deliciosa ducha con agua caliente. Al salir me quedé charlando con él: también motociclista de largo aliento, se estableció en el valle por el puro gusto de la zona. Tiene dos motos y ya no sale como antes, "pero se hace lo que se puede". Me dejó hacer unas fotos y por la noche tuve una vista hermosa de las estrellas. Buen lugar para un presupuesto justo.

Esa tarde y el día siguiente los dediqué a pasear por la zona. Visité un par de viñedos, entre ellos Paralelo, gracias al contacto de un amigo en Oaxaca. Ahí conocí a Tomás, encargado de producción, quien me hizo el gran favor de guiarme y mostrarme tanto el proceso de elaboración, como sus bodegas y la arquitectura. Definitivamente no soy persona de gustos finos y atracción por la elegancia, porque me gana el sentimiento de desigualdad. Soy pobre, de economía y de alcances vinícolas.

Después de parar en otros dos viñedos y comprar un par de botellas para compartir con amigos, la curiosidad me llevó a Guadalupe, el centro del valle, donde esperaba encontrar edificios públicos, un parque… algo que me diera la oportunidad de ver los beneficios del vino, pero no, no los hallé. Acá la nota de mi bitácora:

> *Ando por Guadalupe. Pueblo de tierra. No veo ninguna conexión con el alta gama de los vinos: bodegas allá, el pueblo acá. Sí, carros, casas, pero no veo orden. Parece que el dinero no es desarrollo si no hay educación, formación... acá pareciera que todo se despilfarra en unidades individuales, no en la comunidad: casas grandes, pueblos chicos; bodegas exitosas, desarrollo comunitario cero. ¿Será que lo que nos falta es formar autoridades?* (Bitácora. 21 de enero 2019).

Como era lunes, la mayor parte de las vinícolas estaban cerradas. Al final, me detuve en una para comer y me quedé sentado en su terraza, admirando el paisaje de los viñedos –a veces las superficies son lindas porque no dejan ver lo que hay debajo o detrás: es cómodo ver las cosas por encima– y escribiendo mis reflexiones en pluma alta:

> *No es tan difícil saber por qué no funciona este país: Si la ley lo permite, la gente lo hace; si la ley no lo permite pero el castigo es débil, la gente se arriesga; si el castigo es fuerte, pero puedes corromper, entonces lo intenta y luego pide perdón –o un abogado–. Sí, México es el país de la permisividad, por eso es el paraíso de muchos, y el purgatorio de otros.* (Bitácora personal, 22 de enero 2019).

La tarde me dejó pensando en todo lo que veía. Todavía faltaba llegar a Tijuana, pero ya lo que vivía era muy esclarecedor de las diferencias sociales. Sí, lo había visto antes, pero había optado por evitar sitios tan evidentes. Con el valle no fue así, pues escuché antes tantas cosas, que

llegué a pensar que podría ser más interesante. La noche, mientras el viento afuera soplaba y las estrellas se veían en toda su intensidad, seguí escribiendo:

Lo que veo me lleva de nuevo hacia la crítica social: un México desigual, racista, duro. La existencia no de uno, sino de muchos Méxicos, totalmente inconexos, donde cada uno vive su porción de país y en el que estos Méxicos se encuentran únicamente en sus márgenes: no hay forma, salvo excepciones muy contadas, de que la gente pase de un país a otro. La mayor parte de estos micro-países no se tocan, no se ven, no se escuchan. Al mismo tiempo son evidentes las problemáticas comunes: obesidad, violencia, informalidad, homofobia, ocupación y venta del territorio nacional a migrantes extranjeros de altos ingresos.

País obeso, país enfermo, país huachicolero, país corrupto, país sin deseos de cambio, país sin ley, país desordenado, país no convencido, país no literato, país falto de educación, país descerebrado, país hambriento; sociedad sonriente, sociedad amoldada y aletargada, sociedad de chocolate, sociedad de sociedades, país de países pequeños, grandes, desiertos, costeros, agringados, vendidos, multicolores; país de contrastes, país sin rumbo. Estados perdidos, municipios desvalidos, desvencijados, pervertidos; país sin escrúpulos, país de unos cuantos, país desencantado, desencajado. País que no pierde la esperanza, que busca salir de la adolescencia mientras carga a sus viejos dinosaurios, país que intenta sobrevivirse a sí mismo. País en proceso, país inconcluso. (Bitácora personal, 22 de enero de 2019).

Ilustración 14. El Glamping y las estrellas... Otra forma de pensar el Valle

Capítulo 7. La Border

> *Que pueda más la curiosidad, que el miedo.*
> *(Notas. 08-Sep-2004)*

Rosarito

Entre el Valle de Guadalupe y Tijuana hay un centenar de kilómetros. El recorrido es recto, sin aspavientos. Casi se podría decir que no hay nada más que contar… excepto que nos acercamos cada vez más a la frontera norte, a Tijuana. Sí, ¡Tijuana! La mitad del viaje, el extremo nororiental de México; lo que nos quedó de California, la que decidió convertirse en Disneylandia. El punto más al norte al que puedes llegar en este país. Es la santa y es la puta. Es la tierra del temible Hank Rhon, de los excesos, pero también la cuna de lo pocho, el jardín de los gringos, cuando están en esa fase de no ser adultos en su país, pero sí al sur del Río Grande, donde pueden irse de antro, emborracharse hasta el amanecer y recorrer casas de citas.

Ahí al lado, o muy cerca, está Rosarito. No recuerdo cuántas playeras y placas de auto vi en mi juventud que llevaban ese nombre. Me tenía que parar ahí: el mito se lo merecía. ¿Cómo sería? ¿Estaría lleno de rubias en su juerga interminable? ¿Cómo sería la playa?

Una calle recta, sucia, o no, tal vez no tan sucia, pero sí desaliñada, como una mañana en Acapulco. Esos pisos que los empleados de limpia tallan y tallan pero no consiguen eliminar los rastros de las botellas derramadas, de los vómitos y de la arena. Campo de batalla abandonado, que de noche se camuflajea de nuevo.

Detrás de esa avenida que cruza la población, el mar, unos cien metros hacia el oeste. Mar ventoso en enero, bares y bares en la playa, sin público en una tarde de martes o miércoles (he perdido la memoria del día que vivo) y nada más.

Por supuesto, en cierta época del año debe ser impresionante para venir de fiesta. A mis cuarenta y seis, en mi proceso de conversión en eremita y con el presupuesto reducido, no significó más que un par de cervezas y algo de comer. El resto, lo dejo a las nuevas generaciones, que seguro lo disfrutarán más que yo.

Después de un par de horas, me subí de nuevo a la moto y avancé hacia el norte. No sé si me habría atrevido a ir a Tijuana de no tener un buen amigo viviendo en ella... y es que la verdad, en mis pensamientos era la antítesis de lo que yo habría querido visitar. ¡Si hace más de doce años que dejé vencer mi visa norteamericana! ¿Qué podría encontrar en la ciudad más fronteriza de México? Las apariencias y los estereotipos engañan.

Tijuana sí

Con los nervios crispados seguí avanzando hacia el corazón del dragón. No había vuelta atrás: Miguel y su familia me esperaban. Fui avanzando lentamente, casi a tientas, parando en una estación de servicio, mirando a diestra y siniestra, con los dedos entumecidos sobre los frenos y el acelerador, presto a salir volando. Después de reportarme con Miguel, me enteré que no estaba del lado mexicano y volvería hasta entrada la noche. Tenía la tarde más o menos libre para ubicarme. "Vete a la frontera, visita el centro, carnal. Yo llego más tarde, nomás que termine de jalar". Sí, claro, fácil. Algo haré.

Me armo de valor y me digo que sí, que pasar por el centro puede ser una buena idea, pero más interesante debe ser llegar a la esquina de Estados Unidos y México, ese punto donde confluyen tantas películas y dramas, donde la barda, una raya más en el mapa –tal vez una de las más incoherentes cicatrices de la humanidad– avanza hacia el mar, hasta perder pie. Tan mítica como Rosarito.

Después de seguir mi mapa digital durante unos minutos llego al extremo, donde ya se encuentran las mismas letras multicolores que hay en cada pueblo y señalan un sitio (un "marcador", diría el buen MacCannell) en el que los turistas debemos apresurarnos a tomar una foto. Lo hice, confieso que lo hice, y que además sonreí, aunque no sé si se debía a la felicidad de estar ahí o por sarcasmo hacia mi propia historia.

Encontré un lugar para estacionarme y desmonté. Saqué la cámara y me fui a caminar por el muro metálico de la ignominia. Los pensamientos que desata una frontera son inenarrables: flashazos que

destellan sin parar, imágenes que se tejen como en un carrusel de diapositivas y pasan a velocidad acelerada, a imagen y semejanza del proyector que perdió su brújula. Migrantes, ¿cuántos? Deportados, ¿cuántos? Asesinados, ¿cuántos? Desaparecidos ¿cuántos? Hace tantos años que la frontera existe y seguimos siendo incapaces de encontrar los medios para convivir como buenos vecinos. Allá la migra, acá los graffitis sobre el muro; de ambos lados un columpio que implica tantas metáforas: ¿unos suben y otros bajan? ¿Podemos convivir en nuestras diferencias? ¿Te necesito para encontrar mi balance?

Me quedé un buen rato observando. Gente, mucha gente. Deportistas, caminantes, viajantes de otros espacios, soñadores de un mundo mejor, desaparecidos en potencia. Marabunta. A lo lejos, pegado a la frontera, en el extremo del litoral, una multitud se agolpaba en torno a alguien que estaba en el mar. A lo lejos se veía un equipo de grabación. Una película, un documental, un anuncio. Más al fondo, el sol se hacía cada vez más pequeño en el horizonte y el azul se teñía de rojo, naranja, violeta… Un grupo compacto rodeaba a la artista y la protegía: del frío, de las demás personas, de los malos pensamientos. Pasaron unos cuatro metros debajo de mí: era Yalitza

Ilustración 15. El muro, en atardecer poético

Aparicio, la actriz del momento que había irrumpido la escena cinéfila con su personaje en Roma. Envuelta en su toalla blanca pasó, mirando hacia la cámara. Solo miró como quien observaría a un gato sobre una pared y continuó caminando para acercarse a su camper.

¿Qué grabaría esta vez? ¿El relato de un migrante oaxaqueño en busca del norte, o la huella de su familia? ¿Un promocional para una marca o una ficha para una ONG?

Subí de nuevo a la moto, con menos miedo que al inicio. Comenzaba a recordar que siempre se exageran las cosas. No había un matón cada tres metros, no se sentía ese ambiente denso, hasta había familias en la calle. Cierto, los bares no parecían de la quinta avenida de Nueva York, pero no era nada que no hubiera visto antes. Igual tenía que partir a mi punto de reunión. Activé el mapa y regresé hacia el Sur.

Cuando el pasado te alcanza

Unos meses antes lo había visto a él y a su hermano Pollock en Toluca. Antes de eso, habían pasado veinte o treinta años sin que hubiéramos cruzado palabra. No obstante, nos conocíamos a la perfección: fuimos compañeros de cuadra, vecinos, durante buena parte de la niñez. Tengo tantos recuerdos que no sabría cómo extenderlos todos sobre el papel. Me limitaré a los que considero más definitorios de nuestra amistad.

Ellos son tres. Miguel es el más grande y siempre tomó ese rol: líder, hermano mayor regañón y hasta algo abusivo. En esta visita me contó que algún día había pedido perdón al hermano que le sigue por aquellos tiempos. De la última generación de quienes tuvimos oportunidad de jugar en la calle hasta bien entrada la tarde e incluso la noche, él era el más grande. Hacía excelentes rifles de fichas, buenas casas en los árboles, golpeaba más fuerte en el americano y daba los balonazos o "fusilamientos" con pelota de esponja sin piedad, aunque fueran sus propios hermanos.

Como buen norteño emigrado al Estado de México, a esa colonia de migrantes en la que vivíamos, tenía que abrirse paso y defenderse. Proyectarse, moverse. Salir de ahí tarde o temprano. Vivíamos prácticamente frente a una de las zonas industriales más importantes. Era, de hecho, el corredor industrial que bordeaba toda la carretera

hacia la Ciudad de México. En el lado norte, las empresas; en el lado sur, las casas habitación. Nos separaba la autopista México-Toluca, imposible de cruzar sin el riesgo de morir: tráfico ininterrumpido por horas. Había que ir al puente de Pilares o al de Chrysler para atravesarla por debajo. La ciclopista que le bordeaba era nuestro último punto al norte; solo bajo el riesgo propio y el castigo familiar nos atrevíamos a desafiar la frontera. ¿Lo ven? Siempre hay fronteras, a pesar de nosotros.

En esa colonia había migrantes de todos lados: de Jojutla, Cuautla, Laredo, Piedras Negras, Aguascalientes, Coahuila, Chihuahua, DF… Algunos tenían hijos más grandes, pero una buena parte pertenecíamos a una generación más o menos similar y nos encontrábamos en la primaria local o en la calle. Jugábamos fútbol, construíamos en los árboles, andábamos en patines, en avalanchas, cazábamos ratas en los baldíos con rifles de diábolos o de municiones, jugábamos béisbol y rompíamos los vidrios de los vecinos, corríamos por las calles tocando timbres, llamábamos por teléfono a números al azar para hacer bromas tontas, nos metíamos a los jardines para robar fruta, hacíamos fogatas y comíamos bombones, nuestros padres se reunían a tocar guitarra… En esos tiempos existía algo que se llamaba cohesión social: las cercas o muros de las casas eran bajos, se veía a través de ellas y, aunque se perdía algo de privacidad, también se podía saber lo que pasaba al interior, como el día que entraron unos ladrones a la casa de unos vecinos, los vimos y llamamos a la policía.

Éramos pocos los "locales", si es que se nos podía llamar de ese modo: mi familia, muy toluqueña de raíces –aunque también de sangre migrante en las generaciones anteriores– venía de unos ocho kilómetros de distancia. Mi padre cuenta que nadie quería vivir "tan lejos" de la ciudad –es cierto que había que tomar un autobús o tener auto, pero sin duda era exagerada la crítica–. Eran los primeros modelos de zonas habitacionales para los migrantes que traía "el desarrollo" al Valle de Toluca: las grandes industrias armadoras de autos o procesadoras de alimentos que requerían mano de obra capacitada. Hasta franceses nos llegaron, para administrar una fábrica de levaduras. Tal vez con ellos llegaron los primeros Volkswagen que conocí en la cuadra, pues los vecinos trabajaban en compañías americanas.

Sin darme cuenta viví en un caso de estudio de migración. ¡Y años después estudié el mismo fenómeno en el norte de Argentina! No hay duda que hay que ir lejos para saber leer lo que uno vivió en la infancia. De los niños que nos conocimos ahí, ninguno radica en la colonia: solo quedan algunos padres. Unos se fueron al norte, otros al extranjero (Australia, Estados Unidos), y buena parte se quedó en la ciudad, pero en zonas distintas. Algunos –varios– tomaron puestos laborales en las mismas industrias en las que laboraron sus padres, o hicieron cuando menos formaciones como las de sus progenitores.

De ahí venimos todos: de fenómenos de reproducción social.

Miguel volvió a su natal Monterrey, luego se cansó y se fue a Tijuana, donde lo fui a encontrar. Su pequeña empresa, pujante –no sin esfuerzo– le permite una vida cómoda y tranquila. Él sí ha vivido la otra Tijuana, la que nos cuentan en la página roja:

– El día que sentí que me iba a morir fue en una de esas tiendas de autoservicio: bajé de mi auto a comprar un refresco y mi esposa hizo lo propio del suyo (viajábamos en dos carros) cuando se soltó la balacera. Solo alcancé a tirar a mi esposa al piso y abrazarla. Nos quedamos inmóviles, inertes. Duró, no sé... 3, 5, 10 minutos. Ni siquiera distingo cuánto tiempo pasó. Para mí fue eterno. Cuando se fueron, mi camioneta tenía seis impactos de bala; el de mi esposa dieciséis. Todos de cuerno de chivo. Viví para contarla.

Cuando me narró eso me imaginé claramente a Samuel L. Jackson en *Pulp Fiction*. Sorprendido y duro; cortés pero violento; de sangre fría y corazón ardiente; ateo y gran devoto... la vida en el oxímoron: viviendo del brazo de la muerte. No es de extrañar por qué Miguel decidió un día hacer un ayuno y acercarse a la religión, ésa que explica los fenómenos incomprensibles. Si Dios le habló, lo ignoro, pero la vida lo marcó y le dio una nueva oportunidad.

Esa noche de reencuentro estaba también su hermano menor Pollock; su mamá nos acompañó un rato. Buenos recuerdos, tequilas y notas de la vida azarosa de uno, y de otros. Sí, sin duda nos reúne el mundo migrante.

Tijuana-centro

No entretendré al lector con charlas de amigos que no sobrepasan el espacio personal. A cambio propongo una breve visita por el centro de la ciudad, a la verdadera capital.

Calles amplias, tráfico constante. La avenida principal lleva hasta el cruce fronterizo. Banquetas anchas, con tiendas de artesanías baratas de cualquier parte del país, un burro pintado de cebra por el que su dueño cobra al fotografiarse, graffitis políticos –¿y cuál no lo es?, preguntarán– el centro de Tijuana tiene su dosis de arte, prostitutas y restaurantes, igual que la tiene de vendedores de todo tipo de ilusiones. Es frontera, al fin y al cabo.

Comimos en el Caesar's Palace, donde se dice que se inventó la ensalada del mismo nombre. Cierto o no, estaba deliciosa y la acompañamos con unos deliciosos tuétanos (ignoro si Julio César también tenía predilección por ellos).

El día siguiente crucé el río, aunque permaneciendo en el territorio nacional. La cantidad de migrantes sin techo, de espíritus libres de

Ilustración 16. Así dicen que se hace una ensalada César verdadera. Es Tijuana.

mente evadida y de muros pintados, merece más que el estudio de un pobre viajero por dos días. No obstante, es innegable reconocer que la cultura está viva: Tijuana está en transformación constante. Como todo espacio fronterizo, la desigualdad y la segregación se respiran en cada paso pero, ¿no es eso parte de su ser, de su identidad?

La cultura de los muros: Melilla, Tijuana, Laredo, Berlín, La Quiaca, Panmunjom, Corozal, Talismán, Arica... Justo lo que no queremos ver: heridas humanas que supuran desintegración; evidencias de nuestras películas de ficción. La frontera se quiere ocultar y sin embargo estamos obligados a respirarla diario: la Gran Muralla, el muro entre las zonas residenciales y los ghettos de pobres. Es *Parásitos*, de Bong Joon-ho; el Rímac, de Lima; *Le Havre*, de Aki Kaurismäki. Linderos ficticios, reales, geográficos, mentales. ¿A qué humano que las haya cruzado a pie le sirven? ¿Qué hay de más falso que una frontera?

Pero Tijuana es todavía más que eso: ha sido históricamente el primer contacto con México para la cultura sajona vecina. En los años veinte –hace un siglo– fue la válvula de escape para una sociedad californiana que tenía prohibido consumir alcohol: los bares, casinos y restaurantes, como el famoso Agua Caliente, tuvieron no solo éxito, sino que fueron escenarios de tertulias, y centros de reunión de artistas del Hollywood emergente.

Es la ciudad que genera más de cincuenta millones de cruces fronterizos al año con el estado que podría ser la octava potencia mundial; tierra híbrida, que en la época revolucionaria pudo ser una república socialista, si los hermanos Flores Magón hubiesen tenido éxito en su asalto de la ciudad.

Tijuana es un intermedio en la California que alguna vez fue mexicana y se compone de sucesos inconexos pero inolvidables: de las primeras urbes del país en tener un hipódromo, o recibir la visita de la Madre Teresa de Calcuta, pero también bastión opositor de la derecha y sitio que vio asesinar a un candidato presidencial del oficialismo.

Ilustración 17. Río que cruza una cultura

No en vano es frontera, encuentro-choque de mundos: ¿Cuántos norteamericanos en fuga han pasado por sus garitas para cumplir el "sueño mexicano" de establecerse con el botín en el trópico, de gozar en el país donde la justicia se compra por un puñado de dólares? También acá se filmó Babel, la película. "TJ", como también se le llama, es la tierra de Julieta Venegas, del colectivo Nortec, de Los Tucanes, de una narrativa siempre viva.

En pleno centro me di de frente con un museo y centro cultural; jamás pensé encontrarlo ahí. Presentaban una memoria de las elecciones en México. No pude evitar la rabia, tristeza, emoción y ansiedad al verla. ¿Hace cuánto que intentamos construir una democracia? En las imágenes había, para el cuarentón que soy, más recuerdos que los soportables sin lágrimas: Díaz Ordaz, López Mateos, Salinas, Lázaro Cárdenas; historias que no viví (unas) y que padecí (otras), entre ellas, el gesto más torpe de la política contemporánea reciente: el "Ya me cansé", del inefable Murillo Karam, así como la ordinaria e indecorosa *Roqueseñal*.

Democracia en México: La historia de un país adolescente de doscientos años de edad. Aunque cueste trabajo entenderlo, en las ciencias sociales el tiempo no se mide como en la geología o en la matemática aplicada: el contexto y el pasado importan. Es imposible cerrar los ojos ante ellos. ¿Qué habría en Tijuana en el año 1300 sino un puñado de Kumai intentando domesticar el espacio? Lo más similar a una frontera entonces, era un río caudaloso que se lanzaba al mar con fuerza y vida. Pocos hombres y mujeres recorrían esos espacios en ese momento: solo nómades y cazadores…

Ilustración 18. Así dijo Murillo Karam, cuando no pudo decir más mentiras sobre el paradero de los 43.

Pero, ¿saben qué? Digan lo que digan, Tijuana es cultura.

Ilustración 19. Tijuana: en cada calle, una imagen para la memoria.

Capítulo 8. Y todo, ¿para qué?

> *Al final de este andar podrás decir que conociste el corazón del dragón, el alma del monstruo: seguiste los dictados de un aprendiz del neoliberalismo en 1994 y aprendiste de Friedman, Heckscher-Ohlin, luego tomaste el sendero del comercio y el campo. Ahí pudiste ver cómo el dragón se lo tragaba todo, incluidos sus hijos. Después jugaste a integrar lo mejor de ambas posibilidades pero que los resultados fueron pandémicos... y podrás contar que al final optaste, como buen luchador, por esconderte detrás de los muros de la escritura, diciendo: "yo lo ví, lo viví, y también ahí perdí".* (Libreta de notas, 2008).

Y volver, volver...

Al llegar a Tijuana el país se acaba. Bueno, reconozcamos que es un decir estereotipado porque nos guste o no, el país sigue, con todo y su interrupción política: del otro lado se comen tacos, hay oaxaqueños, zacatecanos, tlayudas, quesillo, chiles y más mexicanos. Se habla español y los nombres vienen del *castilla:* La Joya, San José, Santana, San Fernando...

Sin embargo es cierto que ahí comenzó el regreso: Sur, sur, sur. Mi pasión, mi amor, mi palabra favorita. Luego de Baja California, Sonora. Trayecto largo, desconocido. Como siempre, contaba las reflexiones por minuto. Rectas, viento, desierto. Y es que de verdad hay que andar y andar para que las ideas lleguen, que los prejuicios se evaporen y la ignorancia dé paso al conocimiento.

Don Felipe, de ocupación bolero y Agustín, jardinero, me contaron cada uno lo que era caminar el Desierto de Altar: con cinco litros de agua para ocho días, bajo un calor que sofoca, siguiendo las señas del *coyote* y sufriendo sus palabras denigrantes; bajo una noche estrellada con un frío exasperante, sin lámpara, sin brújula, sin otra cosa que el instinto y unos cuantos compañeros de viaje que se irán corriendo al primer amago de peligro, sin mirar atrás para ver quién queda.

–No, don –me contó Agustín– yo me la aventé dos veces con *coyotes* y la tercera me pasé solo. Ya me había aprendido la ruta. Nomás había que avanzar derecho y no perder el rumbo. Así se las aprende uno. Crucé, luego llegué a la casa de un pariente que me estaba esperando y tres días después ya estaba en una cuadrilla cosechando fruta. A las dos o tres semanas me puse listo y me dejaron a cargo; luego me fui a trabajar cortando pasto. Éramos como seis o siete, trabajábamos catorce, dieciséis horas al día… sí deja, irse para allá, pero es mucha chinga. La migra, el *coyote*, la renta. Se aprende mucho. Me fue bien, me casé, luego me peleé con mi señora y me tuve que regresar. Tengo dos hijos, pero ni para cuando regresar. Ahora toca hacerle acá en las tierras de uno, echarle unos chiles, un maicito, ¿Qué más?

Anécdotas de esas, he recogido decenas en Oaxaca: los que partieron a los dieciséis y volvieron a los treinta; el que estuvo años, hasta que lo detuvieron por manejar borracho y portar papeles falsos. "Deportado, mano. Ya no puedo volver a entrar. Bueno, dicen que unos diez o quince años, pero ya ahorita, ¿para qué chingados voy?".

Más de tres mezcaleros han hecho de la migración su rito de iniciación, su prueba de vida: "vete unos años, junta dinero y con eso regresas a comprar el alambique, a construir el palenque y retomar los conocimientos del abuelo. Te pones a producir, a vender tu mezcalito y si te va bien, regresas a empedar gringos, ¡la *Montezuma's revenge*, pero en su tierra, pues!"… Pero para ir hay que andar, caminar bajo el cielo azul ardiente o estrellas heladas: "Hay que tener *guts*, como dirían los pochos, no rajarse... Días y noches. Sin parar; sin llanto, *Yaquelín*, sin perder la esperanza".

¿Qué le puedes contar, qué le asusta, al que ha dormido en el descampado en territorio ajeno? Nada. No lo impresionas con tu excursión a Madrid, ni con tu linda casa. Ellos sí han vivido, no como tú, que te enojas con un cabello en la sábana blanca. ¿Qué sabes de la vida, si nunca ha corrido detrás de ti un perro de la migra, si no has sudado frío en el suelo mientras esperas que se vayan los güeros, armados y listos para disparar?

Todos esos pensamientos volvían a mí y cruzaban mi mente, mientras desde mi cómodo casco miraba los matorrales, el pavimento y el Mar de Cortés a mi derecha… "No *lic*. Yo me fui con mi hermano,

pero a él se le ocurrió llevarse a su esposa y a su niña, y eso no se hace, es muy peligroso. Íbamos caminando una noche y de pronto apareció la migra. Puro grito y corredera; sin luces, para que no nos vieran, para tratar de escondernos, cada quien por la suya… y a mí… sí pues: me dio por correr y mi hermano que me pedía que le cargara a su niña, pero no, yo no, me fui, me fui corriendo. Eres tú o tú; tu vida o ninguna. Y sí, me fui. Los dejé, me escapé. Los agarraron y yo huí… ¿Qué más podía hacer? Los deportaron. La frontera es el extremo de la vida: corres por la tuya, ni madres que esperas a nadie…"

Sí, fue lindo salir de Tijuana hacia el Este, con dirección a Mexicali, bordear la frontera y pasar Tecate, luego enfrentar la Rumorosa con su impresionante paisaje lunar de piedras marrón, superpuestas hasta crear una muralla natural, e incluso cruzar –ahí donde las eólicas hacen su agosto– por esa zona donde los vientos ponen de cabeza hasta al trailer más ergodinámico (tuve incluso reminiscencias de la Patagonia), pero no había nada que me quitara de la mente la crudeza del desierto y de

Ilustración 20. Al frente, las flores del verano; al fondo la meta y el sueño americano.

la vida migrante a la que nos obliga un puñado de dólares, la búsqueda de un mejor *hoy*, de un futuro más cierto, aunque al final, llenos de billetes verdes, añoremos la casa, la familia, el maíz y eso que nos dio la identidad.

En mi casco desfilaban las historias de todos estos campesinos que he conocido y me han contado –a veces con lágrimas en los ojos– situaciones que sería incapaz de poner aquí: familias transmutadas, policías sátiros, autoridades corruptas, polleros salvajes y violadores…. y entre todo eso, corazones valientes y solidarios; justo como en la naturaleza, donde, a pesar del desierto, la sequía, el sol y la aridez, una flor hace su propia fiesta, su verano, aunque sepa que pronto morirá… Como el *Aromo* de Atahualpa, que nació "en la grieta de una piedra, que parece que la rompió pa salir de adentro de ella."

Puerto Peñasco

Como en todas las bifurcaciones, había que tomar una decisión: a la izquierda Mexicali, a la derecha Puerto Peñasco, bordeando el litoral por el Desierto de Altar. Me paré para hacer una foto después de bajar de La Rumorosa y continué. El viento frío y la zona desolada no eran nada frente a lo que tenía ante mí. Durante los siguientes doscientos o trescientos kilómetros tuve costa a mi derecha –un mar azul imperturbable, que en el fondo apenas dibujaba las montañas que dejaba en la península– y desierto a la izquierda. Infinito.

¿Cuánto habré dejado de ver? –Me preguntaba, mientras avanzaba con las ensoñaciones del casco. ¿Cuántas cosas tiene escondida la Baja California y por qué el tiempo nunca es suficiente?

Solo había matorrales e inmensidad. Una falla de la bomba de gasolina, una pequeña descompostura habrían sido suficientes para sacarme de mi ensimismamiento, pero todo sucedió sin aspavientos, a velocidad constante. En la monotonía del paisaje irrumpían –de cuando en cuando– rastros de averías o accidentes: un trozo de salpicadera, el tapón de una rueda, un radiador. Me imaginaba las conversaciones –para los afortunados con radio de banda ancha– solicitando apoyo: "Acá fulano de tal: Alfa-Remedio-Tijuana-

Utensilio-Roma-Omega. Solicito ayuda para mi unidad Kenworth 2004: banda de enfriamiento rota. Repito: banda de enfriamiento rota. ¿Alguien quién puede dar un veintitrés con la pieza? Cambio."

Migrantes, hombres y mujeres valerosos en busca de una mejor vida: mexicanos, guatemaltecos, hondureños, salvadoreños, colombianos que caen víctimas, no solo del calor y del frío extremos, sino de sus propios compatriotas o de los polleros que los aventuran por esas zonas, en preparación para el salto grande hacia el otro desierto: aquel donde los cazan los *One Minute Man* con rifles y camionetas. Ahí donde la vida vale menos que una botella de agua o un gato montés. ¿Cuántas personas se habrán perdido en él? ¿Cuánto sabrá este desierto?

Aunque el día avanzaba yo seguía divagando. De vez en cuando me paraba en busca de la mejor fotografía del atardecer, con fondo de mar azul, montaña beige y sol enrojeciendo. En el despoblado aparecían

Ilustración 21. Cielos del norte. ¿Se necesita decir más?

flores azules, amarilas y moradas, notas coloridas de ánimo entre el azul descapotado, el negro del asfalto y el marrón impasible. A la medida que el día se teñía de rojos, el atardecer se hacía más impresionante. Las nubes jugueteaban con el sol haciendo púrpuras, naranjas, morados, plumbagos: concierto de gamas vespertinas en el desamparo.

Más adelante, mientras el sol terminaba de caer, encontré dos eólicas más: torres gigantes en continuo movimiento. Cruzaron aves y un buggy a toda velocidad por una pista contigua. A mi derecha, la zona hotelera de Puerto Peñasco –con sus hoteles en construcción y torres altas– me decía que no, que de ese lado no encontraría un camping o un hotel barato. Mi dirección tenía que ser el centro.

Llegar de noche, buscar un alojamiento, lo de siempre. En la calle principal había varios moteles, básicos, de tipo norteamericano, con el estacionamiento al centro y habitaciones alrededor. Hallé uno por quinientos pesos y tras dejar mis cosas, me fui a cenar. Bares y cantinas, *table dances*. Comer.

En la calle, a pie de restaurante, un cuidador de autos me pregunta de dónde vengo.

–Oaxaca. –Respondo.

–Yo estuve ahí, –dice. –Yo vengo de Guatemala. Voy hacia el norte, pero aún no logro juntar para pasar. Oaxaca es lindo pero jodido. No hice nada. Ahora acá un poco mejor, pero está cara la pasada, por eso me quedo: a cuidar autos, hacer dinerito. Hace dos años que salí de mi tierra y mire donde estoy.

Tiene el cabello largo, los ojos cansados –probablemente inyectados– y una mirada triste, resignada. Dos años para acercarse al sueño americano. ¿Cómo puede alguien pensar que un migrante es un conformista? En sus manos, en sus gestos, en todo él se vislumbran las horas de sueño perdido, la necesidad de huir. Le entrego 10 pesos mientras me dirijo al restaurante donde ordeno una hamburguesa que termino pronto, y me vuelvo a dormir con la mente en vela. Todos somos migrantes, sí, pero no iguales.

En el otro lado de la escala social, Puerto Peñasco y el modelo FONATUR: 1) Aprovechar la playa para hacer una zona hotelera con alojamientos de lujo y restaurantes caros. Darla –a crédito– a las

grandes corporaciones que la explotarán para el turismo internacional; 2) Mover a los pobladores originales a zonas habitacionales urbanizadas con suficiente comodidad para que trabajen contentos; 3) Seguir vendiendo la idea del desarrollo que gotea (*trickle down effect*) como el que nos salvará. Repetir el mensaje: "llegarán los inversionistas, usarán tierras y le darán trabajo a los locales". De la sustentabilidad, una nota en tu almohada: "si usará su toalla de nuevo, cuélguela aquí para que ahorremos el agua de su lavada". Greenwashing, le llaman los estudiosos del fenómeno verde que encubre el interés por el dinero.

Repítalo *ad nauseam* en cualquier playa del país.

Mientras la zona hotelera es de avanzada, el pueblo tiene apenas un par de calles desérticas y calientes. No me imagino cómo será el verano: saturado, con norteamericanos jóvenes replicando Tijuana, pero más al sur: bares, prostíbulos, cerveza a ríos, restaurantes de hamburguesas y puestos de tacos o hot dogs. *Fast food, fast business.*

No me eternizo. Más bien, me muevo hacia la costa, recordando que me llevó la idea de visitar un centro de investigación que tiene ahí su sede, el Centro Intercultural de Estudios de Desiertos y Océano (CEDO). Su objetivo: trabajar en la conservación de especies marinas y un mejor manejo pesquero. Llegué por plena curiosidad: años atrás, a mi vuelta de México desde Sudamérica, y enterado que uno de mis exjefes en Perú había sido trasladado al proyecto Biomar, vi la posibilidad laboral, pero la dejé ir, otra vez. No, dos veces: primero cuando me invitaron a redactar la propuesta pero perdimos, y la segunda cuando me buscaron los ganadores para ir a trabajar con ellos:

—Si me pagan sesenta mil pesos, voy —les dije. Supongo que se rieron fuerte y largo mientras yo ponía mi cara orgullosa y feliz en el otro lado de la conferencia telefónica, en Oaxaca.

Estos recuerdos me traen un viejo chiste a la cabeza: el del tipo que está solo en el techo de una casa que apenas emerge tras la enorme inundación. Ferviente cristiano, pide a Dios una señal para salvarse: pasa un hombre en una barca malograda y le ofrece llevarlo, pero él se niega: "Dios es mi salvador y todo lo provee. Él me ayudará"; luego pasa un helicóptero que se ofrece a rescatarlo, pero él insiste en lo mismo: "Dios es mi salvador y todo lo provee. Él me ayudará" y el helicóptero parte. Llega una crecida más, el hombre perece ahogado. Al llegar "al cielo", se acerca a Dios y le pregunta:

–Dios, ¿por qué me abandonaste cuando más te necesitaba? Estuve esperando tu señal durante horas, hasta que la crecida me llevó…

–¡Insensato! –responde él– ¡Te envié un hombre en una canoa, luego un helicóptero… y tú, ¡no quisiste tomarlos!

Así yo con la vida: recibiendo oportunidades para cambiar de rumbo, para salir de situaciones complejas, pero siempre eligiendo el camino difícil. *Take the long way home*, dijo Supertramp (también dijo *Dreamer,* pero ya lo discutiremos luego).

Antes de dejar Puerto Peñasco me interesaba saber cómo era el CEDO, averiguar qué se hacía. El sitio, enclavado en una zona residencial –los carteles de venta en inglés, de inmobiliarias norteamericanas, con vendedores norteamericanos, precios en dólares y propietarios mayormente extranjeros– es una construcción mediana, con un enorme esqueleto de ballena gris en la entrada.

La encargada me mostró su tienda de souvenirs construida con materiales reciclados (llantas usadas, vidrio de botellas), luego me explicó la función del centro. Al partir, le pregunté qué carretera me recomendaba para llegar a Hermosillo y me dijo que lo mejor era evitar la costa por la hora del día: "Hay mucho retén, y no todos son de militares. A nosotros ya nos conocen, pero después de esta hora, es arriesgado ir por ahí".

Seguí su consejo, aunque después Gerardo me contaría que él había transitado la zona sin problema. De cualquier modo, el hecho de no ir por la autopista central me hizo pasar por pequeños poblados polvosos, desvencijados, ácromos y calientes, como en una película de narcos y de ficheras: autos destartalados, sin placas, con vidrios oscuros, gente con sombrero y lentes negros. No, no como los narcos que pintan en las canciones de *Bandamax* –el canal de música norteña– sino como los que no vemos, pero son la base de ese mundo: campesinos pobres con necesidades, migrantes, jóvenes sin rumbo, materia prima para el sueño narco.

Mi mente –no obstante– me repetía que, como en otras partes de México, la pobreza se encuentra en todos lados: casi la mitad de ciento

veinte millones de habitantes es pobre, pero no mala. ¿Por qué todos los que tienen camioneta, lentes negros y sombrero tendrían que serlo? Me acusé una vez más de comprar los estereotipos que nos pintan los medios de comunicación. Me di cuenta que si eres campesino, requieres camioneta, y que a los cuarenta y tantos grados centígrados, siempre será mejor tener vidrios polarizados, aire acondicionado y las ventanillas cerradas.

Lejos de ver todo con una señal de peligro, comencé a pensar en su vida: decenas de kilómetros (¿centenares?) para trasladarse de un lado a otro; necesidad de autos, de avionetas para fertilizar las enormes áreas de cultivo, trabajo arduo para pagar electricidad u obtener algo de la tierra; urgencia de tecnología y medios de transporte. La vida en el norte es eso que no imaginamos en el sur; la vida en el sur es eso que los norteños no se imaginan. México es todos y ninguno.

Más de cuatrocientos cincuenta kilómetros hasta Hermosillo. *Terra incognita*, aprendizaje total. Rectas interminables, enormes extensiones de monocultivo, riego de altísima presión… no en vano dicen que el setenta por ciento del agua que consumimos se dispendia en terrenos agrícolas: seguimos sin entender que se evapora, se contamina con los agroquímicos o se trasmina sin generar una capa de vida en el suelo. ¿Cuánto tiempo nos tomará hacerles entender que el dinero no crea agua?

La tarde comenzaba a caer y me quedaban más de cien kilómetros. Apreté el paso. Adelante revisé el mapa y faltaban sesenta. A sabiendas de que tendría donde llegar, me permití entrar a Hermosillo hacia las siete u ocho de la noche. Google decía que era más fácil evitar el centro de la ciudad. Decidí seguir su recomendación pero pronto me di cuenta que me llevaba por un tramo solitario, oscuro.

Continué. Era demasiado tarde para volver, aunque confieso que más de tres veces me dije que lo tendría que hacer. Era un silencio absoluto, entre terrenos montañosos, inhóspitos. Avancé, luego crucé una serie de minas de arena y después de unos treinta o cuarenta minutos de desamparo, en los que solo me crucé con un auto en sentido opuesto, llegué a una zona industrial llena de baches que pasé tan rápido como pude. Ya en un área urbana, me detuve a comprar cervezas, para no llegar con las manos vacías. Unos minutos más tarde estaba en casa de Gerardo, mi host por las tres noches siguientes. Gera no era un contacto *couch,* sino uno de la vida real: amigo de una amiga.

Gera: trabajar para viajar

Sola, la vida se encarga de reunirnos: a Fernanda la conocí gracias a una colega mexicana del doctorado, en Buenos Aires. Es una norteña morenita, no muy alta, ni del estereotipo sonorense, pero con un dejo y vocabulario que confirma su procedencia. Se quedó en Argentina, yo volví a México. Aunque no tenemos una relación frecuente, cuando le conté que haría el viaje por el norte y pasaría por su natal Hermosillo, me dijo que me contactaría con *la raza.* De las tres personas con quienes intenté tocar base, respondió Gerardo. Comienzo por la descripción:

Mientras estudiaba historia y a punto de terminar la carrera tuvo un accidente que no solo le truncó la formación universitaria, sino la espalda y la vida: semanas en el hospital, meses de recuperación… adiós carrera, vuelta a la casilla de inicio. De familia humilde y madre soltera, reinició todo, se puso a trabajar como repartidor, luego cobrador para una empresa mediana. Al mismo tiempo fue recuperando su vida personal: árbitro de partidos de fútbol, los días y noches; locutor de un programa de radio comunitaria. Trabajando hasta agotarse. ¿El fin? Viajar.

Previamente a mi arribo, Fernanda nos presentó vía virtual. Desde el inicio me dijo que su casa estaba abierta y que me esperaba el día que fuese: "Solo hay que coordinar tu hora de llegada". Hasta ese momento solo sabía que Gerardo también era amante de la motocicleta.

Un pequeño hogar de un piso en una colonia de interés social: detrás de la media reja de madera, una motocicleta enduro de 250cc y otra chopper de 550cc. Me acerco, toco y aparece un hombre moreno, alto, de complexión deportiva con una enorme sonrisa. No, en el norte no son todos rubios de ojo claro. Metemos la moto y comenzamos a charlar al ritmo de las cervezas que aporto y se complementan con las que él guarda en el refrigerador. La decoración interior tiene poemas de un lado, una pintura de El Principito del otro, banderas, un cuadro de un grupo de rock, posters de otras bandas, un modular con equipo para CD's., y ventanas con barrotes.

Salimos al parque de la colonia para comprar unos *hot dogs* que serán nuestra cena. El carrito ofrece también hamburguesas, pero yo voy por los primeros, pensando en lo más ligero. Lo acompañamos de una *soda*. ¿Será que la comida del norte es la que nos *agringa*?

Al volver, me muestra la cocina de dos metros de fondo por uno de ancho, con unos cuantos enseres y un pequeño refrigerador; enseguida el baño: "no hay terma, hay que calentar agua y usar la cubeta, ¿ok?", y finalmente la que será mi habitación por un par de días: el cuarto de las visitas no tiene cama.

–¿No hay problema si duermes en el suelo? –me pregunta.

– A estas alturas de mi vida, puedo dormir parado, amigo.

Ilustración 22. "Hay amistades hechas de risas o dolores compartidos, otras de juegos de juventud, salidas, cines o diversiones. Otras de un momento clave vivido en coincidencia; y luego están aquellas que nacen sin saber por qué... incluso de silencios comprendidos o de simpatía mutua sin explicación" (Paulina. Abril 2014). Texto de la pared.

Su vida me hizo pensar en el *Down and out from Paris and London*, de George Orwell, que leí dos años antes. Ese texto –magnánimo– es una de las primeras etnografías de la clase trabajadora en París e Inglaterra. Orwell hace un recuento de lo difícil que es salir de la pobreza, y lo fácil que es caer en ella para las clases bajas francesas y migrantes: El protagonista y escritor decide ir a vivir a un barrio pobre de París para acercarse al *modus operandi* de la clase trabajadora. Toma un empleo como profesor de inglés, pero al no tener forma de pagar la renta, empeña una de sus camisas, mientras la segunda se desluce de tanto lavarla, lo que hace que no lo recontraten por su apariencia. Así, lentamente, va cayendo en la espiral de la indigencia, teniendo que empeñar ropa para pagar la renta, viéndose obligado a sobrevivir en peores condiciones, hasta que consigue un trabajo de ayudante del ayudante en un restaurante *chic* de la ciudad.

Aunque sin duda la experiencia restaurantera es la más interesante – las jerarquías, las venganzas contra los clientes exigentes, la suciedad de las cocinas, casi al estilo de *Weapons of the Weak*, de James C. Scott– lo que me trajo a la mente la vida de Gerardo es la del hombre esforzado por salir de esa espiral y encontrar su propio espacio en la sociedad: trabajar más de sesenta horas por semana, tener dos o tres empleos… y no obstante mantener los sueños en su lugar.

–Un día –cuenta Gera– en la radio comunitaria donde trabajaba llegaron los del gobierno, con policías y militares. Nos quitaron todo el equipo y aunque no nos hicieron daño, rompieron lo que teníamos... No importa, ya estamos juntando dinero de nuevo y vamos a recuperar la radio. Una vez por semana hace su programa en vivo.

Su caso es el de otros miles, de gente que lucha desde la base para apoyar a los propios, sin presunción, sin búsqueda de reconocimiento, justo como este sujeto que surgió en las elecciones de 2018, *El Mijis*, que aboga por la reinserción social de los drogadictos y por dar su espacio a los que no tienen voz. Los que viven en los márgenes de una sociedad que solo mira el éxito económico.

Estoy seguro que en Hermosillo me acerqué por primera vez al "otro" noroeste mexicano: el que niegan los que hablan del norte pujante y del sur perezoso, los que tontamente dividen al país en sus estereotipos. En el norte, el narco es también un trabajo, una posibilidad y una oportunidad de vida. No, no lo justifico, solamente lo saco a flote: así como deberíamos de ver que también existe el país

de los que hacen fraude, de los que roban, de los que ayudan, o los que creen en algo distinto a lo que nosotros pensamos.

Gerardo juntó sus primeros ahorros para ir a Italia. Allá se encontró con amigos que conoció en Hermosillo y tienen una banda de Reggae. Los siguió toda la gira como *staff*; años después fue a Argentina a visitar a Fernanda. Cuando puede, utiliza mil pesos para ir a saludar a sus amigos del otro lado de la frontera, los que han decidido irse en busca de *otra* vida. Hasta la cortina de su baño evoca el andar: tiene un planisferio como el de Jorge Luis, que habita cientos de kilómetros al oeste. Le encantaría comprar una Vespa; puedo asegurar que su mayor motivación al recibirme fue conocer a otro andariego.

Me contó la vivencia de dos amigos que se fueron a Estados Unidos y anoté así:

Relatos de Gera.

El cuate que se fue de narco a Tucson o Phoenix y distribuía heroína. Un contacto se la entrega, él distribuye. Lleva en su cajuela una pequeña báscula y dosis. Gerardo lo va a visitar y lo acompaña en una de sus distribuciones: llegan donde una señora de unos 60 años que deja que los heroinómanos se piquen en su casa; en otra vivienda operan una madre y dos hijos... A su amigo (llamémosle Juan) no lo encuentran, se cansa y decide volver a poner un negocio de lavado de autos... Pero al otro amigo sí lo detienen y mandan dos años a la cárcel, luego sale y le quitan la visa por 10 años, pero no le importa: él quiere volver para hacer dinero.

Historias de pequeños narcos: gente que se va sin nada y regresa con algo, porque "no lo quiere hacer para siempre". Saben que les permite hacer dinero que, de este lado o en operaciones lícitas, nunca lograrán. Gerardo me explica que en USA es diferente el narco, porque allá no hay plazas que controlen los cárteles, entonces puedes entrar y salir del negocio. ¡Increíble tierra de la autorregulación comercial!

Es diferente de México, porque acá le tienes que pagar al policía, al de la cuadra, al del gobierno; todo es corrupción. Pero no solo en droga: es la misma situación para Juan, que después de ver que el negocio lícito del lavado de autos no funciona, quiere poner un aguaje (venta nocturna de alcohol), y le pregunta a un amigo que es policía cómo puede hacer: éste le responde que lo dirá al jefe y luego regresa con él para decirle que sí, que le explique cuándo inicia y dónde, para acordar. Le dice que tiene que pagar siete mil pesos por semana como pago de plaza, para que le avise a los policías de su área y le den claves y protección...

Me quedo pensando que todo opera así en México: tranza, acuerdos, corrupción. En cambio, dice, los jueces en USA hacen una gran diferencia: se pagan multas, tienes que ir con él y presentarte ante un tribunal. Incluso él ha tenido que ir con el juez por una multa de velocidad: la pagó y se arregló. Entiendo la diferencia, pero la droga sigue ahí, ¿no? Solo es distinto su modo de coexistir.

Su cuate Juan prefirió no abrir el aguaje: se hizo de una camionetota, la alzó, le puso música y en la cajuela –donde usualmente van las herramientas– hay una enorme hielera que lleva de paseo las cheves: una tiendita ambulante para madrugadores. (Bitácora. 25 de enero de 2019).

Entre el vecino narquillo, el jefe tranza que no paga impuestos y la vida honesta, así va la clase trabajadora, buscando su espacio. Me digo que, al final, todos vivimos lo mismo: la trampa es parte de una cotidianeidad sin remedio. Todos vivimos *Down and out,* en los márgenes.

Sigo pensando en Orwell y lo bello de la etnografía.

Hermosillo

Desperté temprano, en esa cama que aprendí a armar durante el viaje: la delgadísima colchoneta que compré en un supermercado de La Paz sobre mi chamarra y pantalón de motociclista; mi sleeping sobre todo eso. Si hacía mucho calor, solo me recostaba sobre él; si hacía frío, me guarecía dentro de ese *"mummy style bag"* que un buen amigo me compró en una tienda de deportes en Estados Unidos, hace al menos veinte años. No cabe duda que soy bueno para usar cosas hasta su última exhalación.

No es una cama dura. Cuando viví en China me enteré que en la época de las dinastías se dormía con almohadas de piedra. También lo hacían los franciscanos que vinieron a México en la conquista; los japoneses usan el tatami y nuestros bisabuelos el petate. La extravagancia del colchón se la debemos tal vez a Rasputín o a la princesa del cuento, la que era tan fina, que podía detectar un chícharo estorbando diez colchones debajo. Las camas delgadas dan el tiempo de reposo justo: descansas lo necesario, sin vida de rey o princesa. Es una sugerencia de vida monástica con la que no estoy peleado.

Acomodé mis cosas y me fui a la cocina. Calenté agua y unos minutos después la vertí en una cubeta, revolviéndola con agua fría. Un baño con veinte litros, como el que nos daremos en el futuro, cuando hayamos contaminado todo el planeta. Da perfecto para enjuagarte, lavarte el cabello y el cuerpo. Es increíble cómo los humanos nos hemos hecho a esa vida de comodidades: ducha de presión, tina, vapor. El hedonismo siempre va sobre la necesidad. Uno no se da cuenta lo despilfarrado (o ecónomo) que es, hasta que observa cómo se vive en otras casas. Nos quejamos de la baja presión, de lo tibio del agua, de su dureza o del calcáreo, en lugar de ver lo afortunados que somos.

Después del baño nos fuimos al mercado central. Por suerte caí en domingo: Gerardo tenía el día libre, así que me guió para visitar la ciudad en las motos. Desayunamos en el mercado. Durante el día y en fin de semana, la ciudad se veía algo vacía –excepto en el centro– pero como muchos sitios donde el calor diurno es demasiado, la noche la revivía: bares, restaurantes, ferias de artesanías.

Al transitar por las zonas populares, pensaba en la pobreza del norte de México y cómo se le ha conseguido camuflar tan bien: desde Tamaulipas hasta Baja California, uno piensa que en el Norte hay grandes casas y empresas; zonas industriales y distritos financieros, como si toda la franja fronteriza fuera San Pedro Garza García o Monterrey. Se nos olvida la Fama, Escobedo, Fomerrey, Las Mitras, Topo Chico, la Independencia, Linares, o Montemorelos... y solo cito nombres del "pujante" Nuevo León. Solo cuando llega –vía nuestro televisa mundial, Netflix– una película como "Ya no estoy aquí" (Dirigida por Fernando Frías) nos acordamos que en la base de los corporativos industriales, están todos los obreros que habitan los *bidonvilles,* las *barriadas* mexicanas.

En el mercado de Hermosillo hay boleros, vendedores de verduras, merolicos, señoras que proveen agujetas o dones que ofertan pomadas milagrosas. También hacen su fortuna Milano y Elektra; hay casas de empeño por doquier, no solo autos del año.

Subimos al mirador de las antenas, desde donde observamos una panorámica de la ciudad. Una chica grababa un video: hacía playback, pero seguro le cantaba a su realidad, a su generación. El rato que Gerardo me dejó para hacer unas tareas familiares, fui a buscar un espacio verde que vi en el mapa aéreo que me hice mentalmente. Un "Chapultepec local", donde la gente va por un espacio junto a un árbol, por una sombra para jugar con sus niños y comerse un sándwich o un burrito, para tocar el pasto. No, nada distinto al resto del país.

Seguimos el tour hasta el internado José Cruz Gálvez, un sitio designado por Plutarco Elías Calles como hospicio y escuela para los hijos de los militares de la revolución. Vimos la reja y miramos hacia adentro, como quien ve el alma de una sociedad: desvencijada, sucia, sostenida por trabes y pilotes, pero al fin residencia de la esperanza de los niños humildes que la habitan. Un lugar triste que, sin embargo, da el ánimo de saber que alguien tiene un techo, que otros se preocupan por los que no tienen. Un año después ví "Los niños de la Cruz", documental de Victoria Arellano en el que traza la vida del hospicio.

Más tarde nos reunimos con Martín, buen amigo desde la secundaria, primero migrante a Toluca desde Coahuila, luego de Toluca a Sonora, por trabajo, por amor y por ánimos propios. Los presenté, pero como sucede cuando se reúnen el agua con el aceite, el encuentro no pasó de una cordial comida con excelente carne norteña: "la mejor del país", exclamó orgulloso Gera, y un par de cervezas. Creo que no se volvieron a ver.

Por la tarde caminé por el centro y me encontré con la casa de las artesanías. La mayor parte de sus piezas salían de mi presupuesto. Canastas, blusas, cuadros, de un trabajo exquisito. Noté otra diferencia con el sur: en Oaxaca se fabrican tantas que sus costos son irrisorios; en el norte solo sobreviven unos cuantos artesanos y artesanas al embate de la industrialización, por lo que su mano de obra es más cara, pero igual, son oficios que se pierden ante un presente que diezma su tradición y salud. Artesanos arrinconados por el futuro, en zonas

serranas o costeras, alejados, sin acceso a los mercados. También hay precariedad en los guardianes norteños del ayer.

¿Qué es el norte?, me pregunté esa tarde.

El norte es la fábula del desarrollo,
con el maestro cuervo, productor esforzado,
y el señor zorro, endilgador experimentado:

"Permítame cumplimentarlo don Cuervo:
Con su empeño activo, recibirá el tributo de la sociedad
y el justo premio por su esfuerzo y bondad."

Ante la linda perorata, el cuervo, obnubilado y halagado,
de sol a sol se dedicó a trabajar con
denuedo.
Pasó después el zorro y le pagó la producción con centavos,
mientras al otro lado de la frontera la vendió por puñados.

Al enterarse, el cuervo, sintióse traicionado y al zorro reclamó:
"Tanto importa su sacrificio, como vale mi oficio" –el zorro
respondió.
"Los cuervos del sur ganan menos aún. Agradezca que
somos norte pujante y admirado.
Permítame que sea yo quien lo maneje,
y usted, no se queje".

Tarde, pero desengañado, el cuervo también aprendió,
que en el capitalismo, sea en el Sur o en el Norte,
siempre será el zorro quien se quede la mayoría del aporte.

Esa noche –previa a mi partida– nos encontramos en una cantina típica para unos tragos. Luego de las bebidas de rigor, nos mudamos a un bar con banda de rock y una linda cantante. Al volver a casa, antes de dormir, pensé en Gera y sus amigos migrantes. Todos daban para personaje de Harold Robbins o Henry Miller. No pude evitar esbozar la idea del gringo viejo y narco que deja USA para retirarse al México perdido, gracias a su proveedor que le encuentra un escondrijo. Sí, me dije: ninguna de las viejas películas de huída al Sur es falsa del todo. Seguro tenemos más vecinos de pasados misteriosos, que lo que imaginamos.

La mañana siguiente hicimos juntos el trayecto hasta la fábrica en que trabaja. Nos despedimos y charlamos que tarde o temprano nos encontraríamos para compartir de nuevo la cerveza del andar, o el vino del migrante.

En la soledad del casco, pensaba en lo que nos mueve a los humanos: Gerardo trabaja para viajar; Martín lo hace para estar cerca de su esposa e hija. Ella estuvo primero en el centro del país pero decidió volver. Él acompañó, pero algo falló. Sin lazos sociales, piensa en moverse, pero el peso familiar le refrena. ¿Cómo separamos lo que nos gusta de lo que no nos gusta cuando migramos? He aquí otra necesidad de decisión: de decisiones y vida está hecho el destino que escribimos…y aún cuando decidimos no seguir, optamos.

Ilustración 23. Ellos también eran norteños. Norte oculto y olvidado.
Justicia, ABC.

Capítulo 9. Última estación

> *El tren y el cine: uno hace viajar el cuerpo, el otro el espíritu, pero sobre todo, ambos hacen viajar los ojos [...] Un viaje por tren es en sí, un filme, un "traveling" perecedero que pasa ante los ojos de un solo espectador, una película de la que se ha perdido el negativo [...] Las mejores películas y los mejores viajes en tren abren los ojos y el corazón y crean aventuras en el espacio y el tiempo. Ambos son grandes educadores; acaso es por eso que los dos son especies en peligro de extinción.* Wim Wenders. Una retrospectiva (Prólogo). Nota de 1997.

> Entwicklungsroman: "Novela de formación de un carácter a través de la experiencia vivida". De ahí viene la idea de itinerario moral además de físico, la especialización de una búsqueda interior. (p17, Wim Wenders, Una retrospectiva). Nota de 1997.

Migrantes inversos

Wim Wenders siempre me gustó. Sus películas son nostalgia, viaje mental y físico. La fotografía, los textos, el racionalismo alemán en cada una de sus escenas. ¿Qué será de él ahora, a sus setenta y tantos años? ¿Cómo es llegar a viejo cuando puedes voltear hacia atrás y sentir que has hecho algo más que acumular dinero? Me encantaría entrevistarlo a él, a Werner Herzog, o a un buen escritor. Me habría encantado hablar con el maestro Bauman, con Hobsbawm. Que Wallerstein me hubiese dado una oportunidad de preguntarle algo así, en una charla de amigos, no en una entrevista formal y acartonada en la que preguntas por enésima vez la misma cosa, tratando de obtener una respuesta distinta, sabiendo que no sucederá.

Mientras avanzaba por la ruta entre Hermosillo y Los Mochis recordé que tenía una reunión de trabajo ("*el otro trabajo*", pienso mientras escribo: *el que paga la renta*), así que me detuve en San Carlos. No fue un desvío muy largo. Entré a la población y avancé hasta el muelle principal, donde residen muchos yates costosos, que esperan el momento del año en que sus dueños llegan a verlos, a desplegar sus velas o desordenar sus compartimientos. Hay industrias que no solo impresionan por su despliegue económico, sino por su frivolidad. Aparatos costosísimos que se usan de manera esporádica y sin embargo cuestan enormidades en su mantenimiento, pero no aportan nada a un mundo más sustentable: es metal, es tecnología, es material que podría ser útil para tantas otras cosas y sin embargo están ahí detenidos, flotando en una inmensidad a la que no sirven. Naves hermosas, *e pur*, llanas.

Pero había más, mucho más: me detuve en un restaurante con el pretexto de desayunar, aunque buscando Wi-fi para mi llamada. En una esquina hallé un sitio en la zona residencial, llena de casitas lindas, pintadas con colores muy mexicanos. Mientras me servían, observé mi alrededor. La mayor parte de los presentes eran norteamericanos de edad avanzada, nuestros famosos *snow birds* –imposible un mejor nombre– que huyen de sus fríos inviernos y se refugian en las costas mexicanas. Los mismos que están en toda la Baja California, Puerto Peñasco, San Miguel de Allende, Mérida, Oaxaca, Puerto Vallarta, Ajijic, Mazunte, Cancún... Cafayate, Antigua, Lago Atitlán, y tantos otros lugares donde hay algo de comodidad, una carretera, internet, y un aeropuerto más o menos cerca.

Fenómeno de migración temporal que intensifica el valor económico de las zonas costeras o urbes como Oaxaca con personas que buscan "un apartamento de una o dos habitaciones por un par de meses, con buen acceso a internet, en una zona céntrica y segura... pero no muy caro, por favor: mi presupuesto es de quinientos dólares mensuales, *solamente*".

Así, lo que antes costaba tres o cinco mil pesos para el público nacional, y sobre todo local –jóvenes trabajadores, estudiantes, artistas– ve su precio duplicado o triplicado. Gentrificación, le llaman: fenómeno con el que son felices los propietarios de las casas, sin darse cuenta cómo contribuyen a la destrucción del tejido social y a la elitización de las zonas urbanas que, tarde o temprano, pierden su magia y se clonan como tiendas trasnacionales.

¿Nuestras ciudades, "globalizándose" y haciéndose como París, Barcelona o Nueva York? Solo por encima, en sus centros y zonas turísticas, porque en sus límites geográficos, en sus salarios, crece la desigualdad. ¿Ejemplos a seguir? Lo dudo, a menos que lo único importante sea estar del lado del dinero.

Cuando me levanté al baño después de mi reunión, vi en un salón contiguo –discretísimo, suavemente camuflajeado– a unos veinte norteamericanos de ambos sexos y mucho cabello blanco (ninguno de fisonomía asiática o africano-americana) jugando lotería, cartas, y juegos de mesa que no logré identificar. No me atrevería a decir que vi billetes en las mesas, o que hacían una actividad ilícita, lo que es claro y evidente es que no hacían un ejercicio de socialización con los habitantes de San Carlos. México, siempre el jardín deseado de los vecinos del norte. Si USA se hubiese anexado México, estos sitios serían Miamis y Californias; estaríamos haciendo lo mismo que hacen nuestros connacionales allá: limpiar, barrer, lavar y atender comercios u hospitales.

No solo veo con tristeza que habría Quadris y Claudios González (así como varios conocidos) felices de ello, sino que cada día que pasa nos acercamos más a ese momento.

En honor a la sinceridad, y en segunda lectura de este texto, agregaré que ellos también son parte del fenómeno migratorio en el que todos participamos: siento que con frecuencia me gana la posición personal, pero al final, me encuentro a mí mismo reproduciendo aquello de lo que me quejo –en mi medida– en los lugares en los que he residido: ¿acaso no somos todos migrantes? Zigmund Bauman lo explica de una forma mucho más clara y analítica en su excelente "La Globalización – Consecuencias humanas", al que me referí antes.

Los Mochis y el Couchsurfing

Pasadas las tres o cuatro llegué a Los Mochis. Couchsurfing me tenía un nuevo capítulo en el que mi nuevo host se llamaría Enrique: un joven en sus veintitantos, casi treinta, trabajador, que vive solo en casa. Ésta, del corte de la de Gerardo: sencilla, en las orillas de la ciudad, en una zona popular. Nos encontramos en el restaurante donde trabaja como administrador. Justo llegué al terminar su turno, de modo que enrutamos directamente hacia su hogar.

Tenía una habitación y una especie de estudio con un sofá. Este último, donde dormí, tenía una larga trayectoria. Con Enrique no tenía ninguna relación previa, solo vi su perfil y solicité alojamiento, así como hacen los *surfers* que han llegado a mi casa. En situaciones como ésta, lo primero que se impone, una vez realizado el saludo, es la presentación de la casa y sus reglas:

–Como va a estar solamente una noche (comenzó hablándome de usted y le tomó bastante tiempo comenzar el tuteo), no le doy llaves, porque vamos a entrar y salir prácticamente juntos. Me dice que mañana se va temprano, ¿no?

–Sí, Enrique, muchas gracias quiero salir temprano para pasar a Topolobampo y sus alrededores, luego seguir hacia Culiacán.

–Perfecto, entonces –continuó– le sigo explicando: acá hay agua para beber, de este lado está el baño. La moto, más noche la metemos en este pasillo. Si necesita cargar algo, se puede usar este contacto y para el Wi-fi, acá hay una clave. En este sofá puede quedarse. Ya está algo viejo, pero aún está bueno.

–¡Gracias! Traigo mi sleeping, no te preocupes por sábanas. Tal vez si me puedes apoyar con una almohada. Y la moto, la podemos dejar afuera, no tengo problema.

–Es mejor meterla –dijo con un tono serio– nunca ha pasado nada, pero prefiero evitar la posibilidad. No está difícil: primero metemos la mía. Van a quedar algo justas, pero estaremos más tranquilos. ¿Quiere descansar un rato o nos vamos a dar una vuelta en las motos? Todavía podemos aprovechar para visitar.

El resto de la tarde hicimos un tour rápido por la ciudad. Subimos a un mirador, desde donde me señaló algunos puntos por los que pasaríamos y después de un par de fotos partimos, ya de noche, a recorrer. No recuerdo mucho, si acaso la casa en la que atraparon al *Chapo* Guzmán y un par de edificios más. La universidad, creo, y algo más en el centro. Después de un rato, me dijo que me invitaba un *hot dog* y fuimos a un puesto callejero frente a un centro comercial. La característica principal era el tamaño jumbo; la segunda, la cantidad

de aderezos y complementos: se les podía poner tomate, cebolla, papas fritas, frijoles, pickles, y unas doce o quince cosas más.

Durante ese rato, tanto en la cena como en casa, charlamos. Me contó que tiene una carrera trunca en ingeniería química y que le gustaría hacer otros estudios. Tal vez de Comercio Internacional. Hace un par de años que está en el restaurante y aunque le va bien, le gustaría tener otro trabajo.

A Couchsurfing entró porque se lo recomendó un amigo. Su motivación principal es viajar y "conocer gente que me pueda contar acerca de sus mundos" porque es una manera simple de conocer actividades y sitios que valen la pena. Aunque muchos en nuestra ignorancia pensemos que Los Mochis no es un lugar para Couchsurfing, la realidad es otra: es el punto de partida o llegada para quienes toman "el Chepe", el tren que sube hacia la sierra de Chihuahua, el Cañón del Cobre y la Sierra Tarahumara. Es también un punto para tomar el ferry hacia la Baja California.

–Uy, he conocido a un montón de personas: argentinas, rusas, extranjeros de muchos lados. Siempre nos vamos a cenar, se quedan uno, dos o tres días y así practico inglés, pero sobre todo aprendo de ellos. Hasta ahora debo haber hospedado a unas cien personas.

Esa noche, después de la larga charla sobre los sujetos –y personajes– que ha recibido, rememoré a los que han desfilado por mi hogar: el japonés Tomo, que ama el hip-hop y viste como neoyorquino del Bronx, el amigo de Beijing que me llevó unos pasteles de la fiesta de la luna y té verde que aún conservo, los alemanes que recibí y hacían couchsurfing por primera vez en su vida o Saskia y ¿?, de las primeras que recibí: fiesta imparable por la ciudad… ¡Y qué decir de la chica mormona que buscaba un lugar dónde reubicarse en México, pero que quería –como condición central– que hubiese una fértil comunidad mormona y me pidió llevarla a un templo! Tal vez una de las personas más *sui generis* que recibí: viajaba con un atomizador lleno de plata coloidal con el que rociaba todo alimento. Solo ahora que lo pienso, en pleno 2021, me doy cuenta que la paranoia por los virus del tercer mundo era ya evidente, solo que no la queríamos ver.

Son tantas anécdotas, algunas muy reales, otras inverosímiles, que se podría armar un libro sumando detalles de sus travesías, de sus vidas.

Recuerdo también a Aynara y Sonia, que viajaban gracias al loft que rentaban en Barcelona. La ocasión que estuvieron en casa cumplían más de un año desplazándose sin parar, sin pagar una sola noche. Y yo, que me enorgullecía de mi pequeño periplo de cuatro semanas.

Belén y Hernán fueron otros: arrastraban un carrito de ruedas en el que cargaban las libretas que empastaban y vendían; las chicas de La Plata, cuyo nombre olvidé, hicieron un asado memorable; los polacos –él, primer bailarín del ballet nacional y ella, gestora cultural– que encargaron a su primer hijo en México; Emiliano, el chico poblano que se dirigía en moto a la Patagonia, pero se enamoró en Guatemala y quedó varado; niños que nacen en el camino, platillos que se crean en las cocinas compartidas, y muchas, muchas crónicas más.

¿El mundo *couch* como muestra del mundo migrante? No me atrevería a tanto: la mayor parte somos viajeros *categorías dos y tres;* ninguno busca realmente establecerse en un nuevo lugar desde el inicio. Claro, hay quienes lo hacen y quienes lo vienen preparando pero en este tipo de migración, la situación económica es más bien cómoda, sin ser holgada.

Andar nos recuerda, sin duda, que estamos vivos, que tenemos historias que contar y vivir. El espíritu *couch* ayuda, pero también tiene límites, normalmente autoimpuestos y derivados de nuestros miedos, o de burbujas que vuelven a cerrarse si repites tu visita con personajes más o menos similares: conocí japoneses que viajan con sus aderezos y pastas, o norteamericanos que solo se hospedan con connacionales.

Topolobampo

Salí temprano por la mañana hacia el Sur. Había que avanzar hacia el final de este episodio, que cada vez se anunciaba más cerca. El círculo estaba por completarse y sentía esa emoción común en mí, de querer terminar, y al mismo tiempo de soñar que podría alargarlo.

Partí con Enrique –que se iba a trabajar– alrededor de las siete. Llegué a Topolobampo a las ocho y no fue fácil encontrar un lugar para desayunar. El muelle estaba cerrado, así que me senté a hacer tiempo y fotografías. El lugar es lindo, más sencillo que San Carlos, mucho más nacional, local. Hacia las nueve me acerqué al único

negocio abierto, donde vendían tacos de barbacoa. Algo fuerte para mis hábitos, pero como bien dicen, "al lugar que fueres…"

De ahí avancé a Maviri, por simple curiosidad de estar cerca del mar, una especie de añoranza del pasado cercano que se abría ante mí. Una playa popular, de fin de semana, hecha para los habitantes de Los Mochis o ciudades cercanas. Comí a un precio decente, aunque no módico. Me quedé un rato sentado en la terraza, actualizando mi bitácora y tomando notas. Pensaba que la siguiente parada sería Culiacán y después de vuelta a Mazatlán, para seguir hacia Guadalajara, donde la realidad laboral me esperaba.

Ilustración 24. Topolobampo de mañana. Cielos mágicos.

La tarde se pintaba con tonos de naranja y de rojo que pasaban suavemente hacia el morado y el rosa. Los atardeceres del norte son sublimes, no hay más. También es innegable que los estereotipos que construimos llevan mucho de cierto, pero no podemos dejar de recordar que construimos el miedo en cada paso que damos, con las noticias que escuchamos y multiplicamos: los infranqueables y temidos estados del norte –Sonora, Sinaloa y Baja California– me habían recibido con los brazos abiertos, no a balazos.

Sí, faltaba Culiacán, la "capital" del narco, la casa del cártel, el peligro del norte... pero yo ya no sentía temor, ni siquiera porque llegaría de noche y no tenía contacto o alojamiento. Me estaba liberando de mí mismo.

Culiacán

Nada como un viaje por Culiacán para sacudirse los últimos temores del norte: aunque haya llegado tarde y la única persona que me había aceptado en *couch* me canceló un par de horas antes, todo pasó suavemente. Llegué a comer-cenar a un restaurante en el centro y desde ahí busqué hotel. La mayor parte eran ejecutivos, caros, pero con paciencia hallé uno a precio muy decente. No era el más elegante ni ordenado, mas servía para lo que se requería: dormir. Una casa duplex a la que le habían implementado tres habitaciones: mi cuarto era sencillo; el baño, compartido.

Después de instalarme partí a cenar. No estaba lejos del centro, donde había visto bares y restaurantes. Comí algo asiático, no recuerdo si *sushi* o *ramen*, pero seguramente no estaban tan buenos si no se quedaron en mi memoria. La calle estaba cerrada y los restaurantes tenían autorizado poner mesas en los carriles de circulación. Había además un par de grupos musicales tocando en vivo. Después de un par de *gin tonics*, decidí volver a dormir, para continuar la visita el día siguiente.

La recomendación principal fue el Jardín Botánico. Imperdible. Un enorme terreno dividido en secciones geográficas: jardín japonés, desierto, bosque seco... con una intervención artística en cada una de ellas. Arte abstracto y contemporáneo, bien curado, con enormes sombras, árboles gigantes y áreas para lectura: biblioteca, ludoteca.

Casi al terminar el recorrido –a la calma le sigue la tempestad– tuve una fuerte discusión vía WhatsApp con un grupo de amigos, por temas políticos. El ataque fue duro y decidí salir del grupo, no sin antes externar mi desacuerdo y frustración. Un momento triste que marcó, el rompimiento de una amistad que ya pendía de hilos muy delgados.

Ese día me pregunté muchas cosas acerca de la amistad, la tolerancia y nuestra forma de discutir. Me hizo reflexionar, sobre todo, que en la construcción de una sociedad, es central distinguir entre tolerancia y

mutismo: en México nos han repetido, una y otra vez, que "de futbol, política y religión no se discute". Lo que yo aprendí en Argentina y en Europa fue radicalmente distinto: si no discutimos acerca de estas cosas, ¿cómo *construimos* una sociedad tolerante? De franceses y argentinos aprendí a escuchar los argumentos y plantear los propios desde el respeto, sin el ánimo de catequizar: el convencimiento y la persuasión no deberían existir en nuestro vocabulario. El debate es un ejercicio de reflexión personal: uno es quien entra y sale de sus propias posiciones políticas escuchando al *otro*.

Ilustración 25. El jardín botánico de Culiacán. Arte y naturaleza

Salí del Jardín botánico desencajado y desarticulado, a pesar de la hermosa visita que había hecho. Al día de hoy, pienso que la política y la politiquería son cosas distintas: es muy fácil caer en la segunda, y bastante complejo tener la formación adecuada para abordar la primera. Desde entonces, evito debatir posiciones políticas en grupos sociales: prefiero dejarlas para los momentos en los que existe el ánimo de escuchar.

Para mi fortuna, me regresó al buen humor la canción que salía del altavoz del jardín en el momento de mi partida: *You and me we were the pretenders / We let it all slip away / In the end what you don't surrender / Well, the world just strips away... Human Touch*, del gran Bruce Springsteen y su *E Street Band*. *El Jefe*, otro enorme ejemplo de cultura laboral: trovador del *red neck* esforzado y luchón, que ha dejado bien en claro que también en el primer mundo, la pobreza está más presente de lo que parece.

El resto del día lo dediqué a caminar el centro de la ciudad y el Museo del Arte, que tenía una exposición del monero Rocha, prácticamente oculta en la zona más alejada: en el último piso, casi sin anuncios. Es cierto que en el fondo, y a pesar de todo, el norte –acaso sea todo el país, salvo manchones que confirman la regla– es bastante conservador.

En esta última caminata me di cuenta que a pesar de lo lindo de tener un río que lo atraviesa por en medio (de las escasas ciudades de este país que los tienen, no embovedados, no olorosos y contaminados), la tensión se respira en todo momento, como en el resto del país: de pronto cruza a toda velocidad o con las torretas encendidas una patrulla-camioneta (hasta las municipales están armadas hasta los dientes) y eso nos recuerda que México está siempre en estado de sitio, en paranoia y en el perenne peligro de que la militarización haga de todos un polvorín... De que formemos parte de la lista de lo que un expresidente cuyo nombre no pondría acá so riesgo de ensuciar mi

Ilustración 26. Sí, aun hay ciudades cruzadas por ríos limpios.

texto, llamaba "daños colaterales". Mucho Dios, mucho fútbol, muchas armas, y poca cultura crítica.

Última estación

El cierre del viaje mereció su broche de oro: salí de Culiacán con dirección a Mazatlán, pero no me convenció volver a una ciudad turística después de un circuito tan enriquecedor. Preferí cerrar el bucle más adelante, en Guadalajara, haciendo una pausa intermedia en Santa María del Oro, Nayarit, lo que agregaba un estado al recorrido.

El único detalle es que la distancia se alargaba a unos quinientos kilómetros. Nada grave, pero hubo que salir temprano de Culiacán y avanzar sin parar mucho. Gasolina, desayuno y concentración; más de seis horas de manejo eran obligadas. No conocía el rumbo, aunque era casi la misma carretera hasta Guadalajara, exceptuando un desvío de unos kilómetros.

Llegar fue fácil. Salí de la autopista a la capital de Jalisco y me dirigí hacia Santa María. La recomendación fue de un amigo, quien insistió que podría hacer camping. Llegué primero a la cabecera municipal y tras preguntar, continué hacia la laguna. Primero hubo un pequeño ascenso. Al llegar a la parte más alta me encontré con un mirador en el que me detuve: debajo de mí, a unos trescientos metros, se veía nítida, la forma de un volcán cuyo cráter tenía un espejo de agua de un kilómetro de diámetro aproximadamente. La vista, impresionante entre el verde de la montaña, el azul del agua y los bordes inferiores del volcán –más arenosos– daba la sensación de paisaje altoandino.

Bajé en toda calma, admirando el bosque que cruzaba, hasta el punto en que la recta principal me mostró de lleno la laguna. Azul de un tono profundo, con casas alrededor y un gran monumento con las reiteradas letras multicolores de cada ciudad "turística". Como la ruta parecía circunvalar la laguna, decidí tomar a la derecha, que parecía tener más oferta de casas y restaurantes; tenía mucha hambre: rondaban la seis, pero la tarea central era hallar hospedaje.

Adelante me di cuenta que no transitaba por un circuito: antes del final, se abría una bifurcación hacia una especie de hotel o fraccionamiento. Continué hasta unas cabañas que se veían al fondo. Me ofrecieron una sencilla, poco atractiva, a precio razonable pero no económico. Sí, podía acampar, pero me costaría doscientos pesos, con derecho a uso de baño, en una zona húmeda. No había servicio de alimentación, lo que implicaba volver a la zona poblada. Seguí.

Encontré otro par de hoteles. Los precios no me convencían, así que pregunté por la opción de acampe. La hallé en el segundo sitio: cabañas en los costados y espacio para poner carpas en el centro. Acceso a baño común y para mi buena suerte, no había más campistas. Mi tierra prometida de la noche había llegado.

Pagué el espacio pero pospuse la instalación para después de comer: frente a mi hospedaje, un restaurante ofrecía camarones, pescado y cerveza. No necesitaba más. Tras un par de cervezas y la comida hice fotos que subí a las redes sociales. No tardaron dos en encontrar la semejanza con la laguna de Sauce, en la provincia de San Martín, Perú, que recorrí decenas de veces cuando vendía las cuentas brillantes del desarrollo turístico.

Yo mismo me sentía transportado a este espacio dondé nadé, que visité con alguna novia y al que dediqué horas y horas de empeño para hacer que el desarrollo local fuese una realidad. No, no fue así en el tiempo que estuve ahí y aunque algunos colegas me dicen que avanzó, tengo mis dudas sobre su situación actual. Capítulo para el libro de Memorias de un soñador del desarrollo por Sudamérica, edición 2030.

Ilustración 27. Lagunas de montaña, imágenes conocidas

Uno de los que adivinaron fue Juan Carlos, otro migrante al que haré referencia como anticipo de la edición 2030: cuando llegué a trabajar a la provincia de San Martín, en 2008, alguien me dijo "aquí hay otro mexicano" y al poco tiempo lo conocí por contacto de una persona con quien trabajaría. Desde que nos vimos me llamó "paisano" y tuvimos una excelente relación. Él había llegado a Rioja (nombre del distrito) por amor: conoció a su esposa en Guadalajara y después de terminar su carrera decidieron mudarse a la tierra de ella.

Por supuesto que no coincidíamos en todo –él, jaliscience conservador y religioso; yo hereje y liberal– pero hicimos una excelente amistad. Cada vez que viajaba a su distrito, nos encontrábamos para comer, tomar una cerveza o simplemente charlar; de vez en cuando él venía un sábado a Tarapoto, donde yo vivía, e íbamos con su familia a alguna alberca o restaurante. Éramos dos paisanos y tratábamos de apoyarnos, fue un excelente contacto. En algún curso, en el que llevamos a otra mexicana, hizo el enorme esfuerzo de incorporarse al equipo con el que le tocó. Sin duda proactivo y líder.

Cuando decidí que mi futuro estaba en Argentina para el doctorado, él siguió en Rioja y años después se mudó a Canadá. No hemos tenido mucho más contacto, pero es claro que cuando uno es migrante, se lleva en la sangre y tarde o temprano emprende de nuevo la partida. ¿Qué será de sus hijos? Aunque es difícil asegurarlo, es probable que tengan el ADN peregrino y que tarde o temprano decidan emprender sus propias aventuras.

Al publicar la foto, Juan Carlos escribió que ese lugar era parecido a Sauce, pero cuando le pedí adivinarlo, acertó a la primera: "Nayarit, Santa María del Oro. Ahí fui varias veces, porque como ingeniero mecánico estaba a cargo de flotillas de distribución y teníamos que recorrer todo el estado." Evidencia adicional de su espíritu nómade.

Solo fue una noche, y me maldigo una y otra vez por no hacer que los bellos momentos se prolonguen: soy especialista en romperlos, en hacer cumbre y bajar de inmediato. ¿Cuántas veces y cuántas oportunidades he perdido por descender del auto en marcha? Impulsivo, desapegado, miedoso: temeroso de amar tanto algo, que después lo tenga que extrañar. Más que una coraza, lo mío son pies ágiles, como los de Aquiles.

Esa noche vi las estrellas tan cerca como en la Baja. Estaban a mano, brillaban, porque la luna estaba oculta. Otra pena, no saber leer las constelaciones o carecer de la creatividad de los antiguos, que con tres estrellas conseguían dibujar un escudo y el guerrero completo.

Me hice el propósito de despertar al amanecer para hacer fotografías de la salida del sol en la laguna. A pesar de mi esfuerzo, no logré nada particularmente satisfactorio.

Después de dos horas de intentos fotográficos, llegó el momento de partir. Guadalajara y el trabajo me esperaban.

Ilustración 28. Amanecer en lo alto de Santa María del Oro

Capítulo 10. Vuelta a casa.

Ruta

Al dejar Guadalajara hice una breve parada en Toluca y después retomé ese tramo que tanto me gusta, *por la libre*. Desde que comencé a vivir en Oaxaca me di cuenta que pagar las cuotas a esos grandes negociantes de la política me duele en la moral.

En general salgo hacia Metepec, luego cruzo Mexicalcingo y me dirijo a Santiago Tianguistenco, donde comienza una especie de limbo urbano que no termina hasta llegar a Santa Martha, o más bien, hasta el desvío hacia las Lagunas de Zempoala. Ese limbo es la mejor prueba del capitalismo irrefrenado: los espacios que alimentan al monstruo industrial con mano de obra barata. Gente que emplea cuatro a seis horas en un día para ir a un trabajo que desgasta diariamente su vida y –aunque parezca inverosímil– a unos les da esperanzas, mientras a otros se las rompe por completo. Son zonas grises a las que no quieres volver a las siete u ocho de la noche, por oscuras, solitarias, peligrosas.

Zonas en las que se mezcla el mundo rural con el urbano, haciendo una especie de lodo social espeso, de cultura banal, sueños truncos, universidades patito, ferias de ganado, casas de tabicón, fábricas de

137

metal, papel, o piezas automotrices que se intercalan con campos de maíz, haba o frijol que no solo se alimentan de agua y agroquímicos, sino de los desechos industriales que lleva el río Lerma, o las aguas servidas de los fraccionamientos que se instalan, convirtiendo esas zonas antes lacustres, de pescadores, en los nuevos Ecatepec, Chalco, o Nezahualcoyotl. Tienes que cuidarte de los baches, de los topes, de los autobuses de carga y de los colectivos que pitan en busca de clientes. Colas interminables de autos en calles de un solo carril. Espacios que nunca fueron pensados con una mirada optimista al futuro.

Cuando superas estos sitios, entras en una campiña que vende las sobras de lo urbano (botes y tambos de plástico de las industrias que quedaron atrás) y las combina con sus creaciones: elotes, frutas, mojarras de estanque, artesanías de rehilete, puestos de tacos, tostadas y frituras. A los cuarenta y cinco minutos se ve el bosque, cuya frontera sube cada vez más en la montaña, cediendo espacio a zonas de cultivo o pastoreo. Ahí, en ese límite difuso y en peligro, empieza una de las áreas más lindas del mundo.

Famosa por sus estrechas curvas y asaltos esporádicos, la ruta que une a Zempoala con Cuernavaca es casi siempre solitaria, aunque te puede tocar la mala suerte de alcanzar a un auto grande, que te obligará a ir un par de kilómetros tras él. Para una moto es ideal, porque hay espacios para buenos rebases, pero sobre todo, curvas para disfrutar el gusto de ir en dos ruedas. Huele a bosque.

Hacia las siete u ocho de la mañana, que suele ser mi hora de circulación, la bruma puede estar sobre la carretera, añadiendo misterio a tu destino.

Ilustración 29. Así inicia una buena mañana camino a Zempoala

Son escasos treinta kilómetros, aunque los más bellos son nueve o diez, entre la entrada al Parque Nacional Lagunas de Zempoala y

Huitzilac, del lado morelense que seguramente es el más frío del estado donde vive la eterna primavera. Los árboles sombrean y la ruta no tiene más de cinco metros de ancho. Pocas rivalizan con ella: si acaso la Tres, que baja de Jujuy hacia Salta, en Argentina, por lo que podríamos llamar un sendero pavimentado de cuatro metros de ancho. Así es cuando nos damos cuenta de lo pequeños que somos frente a la naturaleza.

En un par de ocasiones, de tanto pisar el freno trasero, se han calentado las balatas y me he visto forzado a frenar solo con el delantero: sensación de motociclista "real", no de propietario de moto infalible del año. Rebasar o curvear en esos trazos es tan adrenalínico como tirarte del parapente o –llámenme ratón de biblioteca o hijo de la academia– hacer traducción simultánea. ¿Por qué? Solo en esas condiciones de estrés es cuando el cerebro procesa la información a la velocidad más rápida que consigue.

Pero el reto se termina pronto: viene Tres Marías, innombrable sitio para quienes sí amamos el motociclismo de verdad, no el hedonismo y la inconsciencia chilanga de beber-comer-ligar mientras se conduce una motocicleta sin casco. En ese punto se toma un tramo de autopista México-Cuernavaca por su mejor parte, la archifamosa "Pera": una curva de doscientos veinte grados, reputada por el número de accidentes que suceden en un año.

Un par de kilómetros más adelante se toma el desvío hacia Tepoztlán, para luego ir hacia Cuautla. Más de mil metros de altitud, los que hay de diferencia entre Cuernavaca y la Ciudad de México. En la parte baja, es impresionante observar cómo se forma el altiplano, que sube primero hasta el Tepozteco, para después continuar por toda la montaña.

En las afueras de Cuautla, casi al pie de la estatua de Morelos que abre paso a la ciudad, es posible detenerse a comer un taco de cecina de Yecapixtla por unos pesos. Después de esa breve parada vienen otros kilómetros semiurbanos en línea más o menos plana, hasta la desviación de Atlixco, Puebla. Quienes preferimos la libre, continuamos hacia Izúcar de Matamoros, por una pista rápida, de buenos rebases y tránsito más ligero.

Algo más adelante de Izúcar comienza la base de la Sierra Mixteca. Con el Popocatépetl en la espalda, o en el costado izquierdo, la vegetación cañera va dando paso a los cactus y al bosque. Los paisajes, sublimes y sorprendentes, se hacen cada vez más áridos, aunque en temporada de lluvias, el espectáculo de las tonalidades de verde es único. Se asciende antes de bajar de nuevo hacia Tehuitzingo, un brevísimo valle que luego vuelve a ser interrumpido por las montañas hasta Acatlán de Osorio, donde se puede cargar gasolina o parar a comer. Se continúa con dirección a Huajuapan de León, pero antes de dejar el estado de Puebla, se pasa por Petlalcingo y Chila, que algún día visitaré.

Huajuapan, a unos cuantos kilómetros, se aprecia desde lo alto. El descenso es también divertido, aunque es frecuente que al entrar en los límites de la tierra de Don Benito Juárez, los baches se profundicen, así como pasa con la división cultural entre el norte, el centro y el sur de este territorio llamado México, que en ocasiones tiene tan poco de común. Se toma un periférico que rodea el centro y sale en el extremo este, con el objeto de seguir hacia el sur. Lindo su palacio municipal, lástima que el sismo de 2017 lo hizo infranqueable.

Hasta ese momento habrán pasado unas cinco horas, pero el terreno ya se vuelve conocido cuando lo has transitado más de treinta o cuarenta ocasiones. La moto lo reconoce como un caballo que recorre el mismo sendero a diario: los primeros treinta kilómetros son un dulce postre de rectas y curvas con peralte que se toman a excelente ritmo.

Luego comienza el ascenso hasta Tamazulapam del Progreso, donde está una de las diecinueve normales rurales, de las que contaré más adelante. De "Tama", como le llaman los locales, vendrán unas rectas continuas hasta la desviación de Tlaxiaco que luego serán de nuevo curvas en ascenso. A partir de esa zona, los colores del suelo se cargarán de rojo encendido, de color ladrillo, de verde, amarillo, marrón, morado y rosa oscuro por manchones: es la entrada del Geoparque Mixteca Alta, cuya sede central está en Yanhuitlán, donde se encuentra una de las construcciones más imponentes diseñadas por la orden Dominica y hechas por mano indígena, en el siglo XVI.

–¿Por qué ahí? –Se preguntarán los incautos, sin saber que Yanhuitlán ha sido un espacio de tránsito humano por siglos, casi en el centro del llamado Nudo Mixteco: el punto de pasaje obligado para ir hacia Putla, Tlaxiaco, Tehuacán… costa, sierra, altiplano. Centro del Sur, espacio

referencial de culturas, imán geológico, antena del mundo. Viajar por Oaxaca es como abrir una caja infinita, en la que siempre hay algo más que conocer, que aprender: historia, geografía, artesanía, agricultura milenaria. Cada campesino con quien se charla en el estado conoce un eslabón del pasado.

Ilustración 30. El Geoparque Mixteca Alta. Arcoiris de formaciones geológicas

Antes de llevarte, viajero lector, hasta la capital, insertaré aquí un texto de algo que no sucedió en el regreso de la Baja, pero que es muy oportuno y también muestra que viajar en auto tiene otra magia, la de los encuentros con desconocidos y desconocidas: volvía en una ocasión del centro del país por esta vía, cuando adelante de Acatlán de Osorio me hicieron señal de *"ride"* dos chicas. No tenían tipo de extranjeras, sino de jóvenes estudiantes de algún poblado cercano. Curioso, me detuve para saber qué ruta seguían.

–Buenas tardes, señor. ¿Nos puede dar ride?
–Claro chicas, ¿hasta dónde van?
–A Huajuapan, por favor.

—¿De dónde vienen?

—Somos normalistas, de la rural de Tamazulapam, venimos de Guerrero. ¿Nos lleva?

Ambas suben atrás. Les pido que empujen mi mochila. Se apretujan con dificultad. Me quedo como chofer. No me gusta.

—¿Alguna se puede pasar adelante, por favor?

Durante tres horas charlamos acerca de su vida como estudiantes de una normal rural. Vienen de una comisión en Guerrero: estuvieron ahí el viernes y ahora (domingo), vienen de regreso. Partieron apenas el jueves, cuatro días antes.

De su visión social es imposible sorprenderse. Están hechas para el trabajo fuerte. Ella es Cecilia, ella Juliana. Una más robusta, la otra más delgada. Ambas muy avispadas, de esas personas que te leen con los ojos. Después de bromear y dejar que Juliana intente adivinar mi signo zodiacal, les pregunto si piensan que los nombres definen la personalidad.

—Sí, dice Juliana. Yo me llamo así por una novia que tuvo mi papá. Y sí, me parezco a ella: voluntariosa y exigente, como él dice (ríe).

—Claro, dice Cecilia —Las Cecilias son fuertes de carácter.

Coincido con ella.

La ruta prosigue entre charlas y testimonios: 19 normales rurales. Conocen varias de ellas y siempre viajan de aventón. Hay internados de hombres y de mujeres. Participan en todos los eventos a los que les solicitan. Son intrépidas, jóvenes (20 y 18 años). Enorme espíritu y personalidad. Detrás de las bromas y su carácter festivo, surgen las realidades: la escuela en su formato virtual es horrible; enfrentan una vida dura, pero les gusta. Se arriesgan, casi siempre en equipo de dos. Juliana, antes de quedarse dormida, cuenta una de tantas:

—Había un bloqueo y me acerqué a un chavo en su moto y le dije: "¿sabes orar? ¡Pues órale! Llévame a donde pueda tomar un camión." Y él, después de preguntarle si era en

serio, la subió a su moto y la llevó a Jojutla, desde donde pudo tomar un transporte que él mismo le pagó: "ojalá te pierdas más seguido", le dijo. Y ella, respondiendo el piropo le dijo que no, que eso no era un buen deseo. Tras una breve pausa, concluyó: "¡Yo me muevo en lo que sea, siempre que vaya más rápido que mis pies!".

Cecilia, más reflexiva, me cuenta cómo se integra la asociación de estudiantes socialistas: se reúnen para protestar, para recolectar víveres, para apoyar las marchas. Buscan formas de cooperar, de mantener viva la memoria de un país que casi no las mira:

—Llegué a Tamazulapam porque jugaba básquet en el COBAO (bachillerato técnico) y un profesor me la recomendó: "si te gusta moverte y quieres estudiar, aprovecha, te pueden becar". Pensé que era una buena opción para aprender y tener una vida más independiente. Me encantó porque es una vocación. No haces mucho dinero, pero es suficiente y te permite convivir con gente a la que ayudas. Te sientes útil y recibes el reconocimiento de los niños, de sus papás...

Juliana ("no me diga Juliana, dígame July") despierta y siempre con su sonrisa y carácter bromista arranca: "estoy buscando señal, siempre que me duermo tardo como media hora en encontrarla". Me regala un dulce de coco y seguimos charlando hasta la entrada de Oaxaca (cuando se enteraron que iba hacia la capital, cambiaron su petición de bajar en Huajuapan), donde Cecilia baja: "Mañana habrá marcha por Ayotzinapa y bloqueo, para que se ponga abusado. ¡Gracias!". Se despide con una sonrisa y baja. Juliana se queda atrás y voy como chofer. En los últimos diez minutos recibo toda una lección de vida: me cuenta tres, cuatro, cinco anécdotas.

—Una vez, me llevó un chavo que iba bien tomado. Manejaba como a ciento cuarenta y yo sentía que nos matábamos. Estaba muy decepcionado y decía que no quería vivir porque su novia lo había dejado (¡y además era normalista!)...

*"pero yo sí, le dije, ¡no manches! ¡Yo no me quiero morir!"
Y entonces me llevó a la casa de su novia a llevarle serenata.*

–¿Y te vio ella? –le pregunto.

–Sí, ¡claro! Aunque yo me hice chiquita en el fondo del coche. ¡Pensé que iba a bajar y me iba a sonar!

–Otro día nos subió un trailero. Iba manejando como a ciento treinta, en un trailer nuevo, y les echaba el camión a todos: "Aquí reina el tamaño, m'hija", me decía. "Que se quiten, yo no me paro".

Juli me contó que los traileros se cuentan entre sus mejores aliados: "nos permiten dormir en sus camarotes, nos cuidan. Nos invitan a comer, a desayunar."

–Usan drogas para mantenerse despiertos: coca, pastillas... No, mota casi no, porque esa los duerme. Luego les vale y la sacan frente a nosotros: "lo siento chicas, pero es por el trabajo, tenemos que aguantar despiertos".

Pienso en sus vidas en el extremo, en su posición de estudiantes aventureras, pero también en la gran oportunidad que tienen de aprender, de entender lo que pasa a su alrededor desde otra dinámica, desde el campo. Al final –pienso– son hijas de la realidad, como muchos de los que nos cruzamos en ruta, aquellos que carecen de la suerte que tenemos otros: la oportunidad de cambiar de burbuja, de huir de lo que no nos gusta.

–Y... ¿no les faltan al respeto? –Pregunto.

–Nunca. Son los que más nos cuidan, son nuestros guardianes. ¡Ya hasta nos identifican! Cuando se detienen para subirnos, primero nos dicen: "¿A qué normal van, muchachas?". A varios los volvemos a cruzar. Siempre nos dicen que nos respetan porque viajamos, porque estudiamos, porque estamos haciendo algo por la gente. También nos dicen que nos admiran porque no somos como otras chicas: "A ustedes las cuidamos, son como nuestras hijas..."

Así es, pienso. Hay códigos también en la gente de la ruta, porque no todos somos iguales...

–Es más, –me cuenta Juli– hasta hay historias de estudiantes que se casan con sus "rides". Conozco a varias, ¡De verdad! –Reafirma ante mi sorpresa– Una vez, un señor que se había casado con una normalista iba triste porque ella lo cachó poniéndole el cuerno y se fue. Todo el tiempo se la pasó hablando de ella: quesque sí, que la quería mucho... ¡Sí, cómo no!

–Deberías escribirlas, Juli –le digo.

–Sí, –me responde. –Podría llenar muchos libros de tantas que tengo. Tal vez lo haga un día.

Dieciocho y veinte años. Y mis amigos que no quieren dejar a sus hijos e hijas ir solos a la escuela que está a tres cuadras, o a la miscelánea de la esquina. Pensar que hay niños que no salen si no es con el auto de papi, o que tienen que llevarlos hasta la puerta de la universidad.

Juli tiene que seguir hasta su pueblo y bajar en el centro. Todavía alcanza a contarme que ha dormido también a pie de pavimento, con mucho frío, pero que nunca le ha pasado nada... Entre ellas y sus amigos de la ruta se cuidan. De ellas es el camino.

Se despide con una sonrisa y me agradece. La carretera –me digo– tiene más de lo que sabemos: es profunda y extensa como el mar, está llena de encuentros; es como un libro: es destino y andanza; trayecto y decisión. Si no hubiese estado tan cansado, la habría llevado hasta Ejutla, pero faltaba una hora de ida, y la vuelta.

Al avanzar hacia mi casa, en la comodidad de una camioneta que ni siquiera es mía, pienso que Juli puede no tener la vocación de maestra, o la profunda militancia de Cecilia (no sé por qué pensé en la Cecilia del Péndulo de Foucault), pero sí tiene toda la fuerza de una gran viajera, el espíritu de resolución de problemas y una enorme estrella que la acompaña y espero la siga por siempre.

Mientras abro la puerta de mi casa, pienso en los 43 normalistas, ¿cómo es que pudieron ser sorprendidos, siendo gente con tanta experiencia en la ruta? ¿Qué fue lo que realmente sucedió esa noche del 26 de septiembre en Guerrero? ¿Qué sabían que era tan importante? Me queda claro que no fue su honestidad la que los llevó ahí: tienen demasiados valores y el respeto de enormes cantidades de la población.

Hay gato encerrado: ellos tocaron una fibra que llegó muy hondo, tal vez tan hondo que se quedará enterrada para siempre, porque el poder teme a los honestos. (De mi bitácora. Oaxaca, 26 de septiembre de 2021).

Aterrizaje

Después de Yanhuitlán sigue Nochixtlán, de la que podríamos hacer otro libro, pero ya se encargará el tiempo de formarlo, de darle voces, positivas y negativas, de culpables e inocentes, para que lo leas, lo vivas y lo comprendas, querido lector. Básteme decir que hay mucho que aprender antes de tomar una posición política en Oaxaca.

Yo simplemente tomé el último tramo de autopista. De día, los siguientes sesenta o setenta kilómetros se circulan sin preocupación, a ciento diez o ciento veinte. En la caseta de Huitzo, también escenario de constantes tomas y bloqueos, pagué mis cuarenta y tantos pesos, luego proseguí rumbo a Oaxaca, crucé la ciudad por sus famosas "vueltas inglesas" que nadie –pero absolutamente nadie– comprende. No me detuve sino hasta llegar a casa.

–"Casa", –me dije– eso que añoras cuando estás lejos y odias cuando pasas demasiado tiempo dentro. También podría ser la descripción de una pantufla.

Tras servirme una cerveza, pienso en la lejanía de Tijuana, en los amigos que saludé y en los nuevos que conocí. Pienso en los que uno deja cuando se va, y en los que se van cuando uno se queda. Vaya cruce de vidas, el que hacemos todos los días sin darnos cuenta. Una interminable lista de migrantes que están cerca de nosotros, a veces al lado, en el semáforo de la esquina, en la tienda donde te venden una tlayuda, en el lavado de autos, en tu propio jardín: tan cerca de nosotros y tan ignorantes de su trayectoria, de su perseverancia y

sufrimiento. ¿De cuántos conoces la biografía? ¿A cuántos les valoras el esfuerzo que han realizado?

Tú, afortunado lector, que gozas este texto desde tu sillón, tu tableta o la comodidad de tu cama, ¿reconoces el valor de los que trabajan para ti, de los que han estado (o están) tan lejos de su familia, a la que tienes tan cerca?

Recordé de pronto a la bailarina que conocí en un club deportivo y me contó su caso de migración, huída de la violencia y fuga continua. Pensé en el carpintero del Parque Otún Quimbaya, que me contó que su hija viajaba por todo el país, porque quería descubrir y no quedarse en casa. Recordé lo que me contó Guadalupe: cómo se fue tan pequeña de la sierra Mixe a la ciudad de México y tuvo que volver a los diez o doce años, cuando falleció su madre quedando bajo la tutela de su abuela. Prácticamente huyendo del pueblo a los quince porque no le permitían seguir estudiando ("Aquí, la secundaria y luego te casas")... Evoqué a Agustín el jardinero, que tantas veces ha dejado su tierra para ir por un puñado de dólares. Intenté imaginarme al hermano de Adriana, que se fue a los dieciséis de Cuajimoloyas y no ha podido volver a su tierra de visita, porque carece de papeles. También volvió a mi mente la imagen del abuelo de Bren, que vendía dulces en los trenes de México: un día despertaba en San Luis Potosí, pero dormía en Monterrey y se duchaba al siguiente en Reynosa.

Reflexioné que tal vez he conocido más migrantes que originarios: para muchos, la aventura fue del abuelo o bisabuelo –que llegó rico o pobre–, pero al fin y al cabo, migró. Es práctico, para los que se sienten dueños de una tierra, etiquetarla como propia, negando que vinieron de otro sitio, alegando abolengo. Es fácil olvidar el pasado.

Hoy pienso que Chatwin tenía razón sin saberlo. Buscaba –sin darse cuenta– lo que ya había encontrado en el hilo de lo evidente: todos migramos, y cuando lo hacemos, vivimos.

Epílogo

Ilustración 31. Don't be thinking about what's not enough baby, just be thinking about what we got. Una pared en Hermosillo.

Para conocer este mundo hay que vivirlo, sentirse bien en él y con él. Cuando pienses que perdiste la pasión y el sueño se está terminando, vete corriendo por otro: no se vale vivir sin emociones, no se vale vivir sin dificultades, está prohibido vivir sin vivir. Si no vas a disfrutar el viaje, ¿para qué quieres llegar a la meta? (2008, libreta de notas, Tarapoto, Perú).

Fernando Jordán / reencuentro

A mediados de febrero de 2019, desempaqué mi mochila. En el fondo de la maleta, encontré el libro que compré en el museo del Hotel-Centro Cultural Riviera, en Ensenada. Recuerdo que al adquirirlo me buscaron uno en la bodega, pues el de exhibición estaba maltratado.

Ilustración 32. Libros que dicen
más maltratados

Como no lo encontraron me dijeron que era el único ejemplar que quedaba, pero que podría beneficiarme con un pequeño descuento. En verdad no era alto su precio pero lo acepté.

Me había llamado la atención porque en su carátula verde había un hombre con vestimenta de piloto aviador y un velero en el fondo; una ilustración en tonos sepia. La portada no decía mucho más: "Mar Roxo de Cortés - Biografía de un golfo", y más abajo, el nombre del autor: Fernando Jordán. Jamás había escuchado de él, pero algo me llamaba. Tal vez el juego de palabras, o la contraportada, en la que aparecían los logos de la Secretaría de Educación Pública y de la Universidad Autónoma de Baja California. Leí rápidamente que se trataba de una odisea por la Baja California en un velero.

Como en ese momento me encontraba en la adrenalina de la subida hacia el norte, el libro quedó bajo mi ropa, herramienta, sleeping, tienda de campaña... Recuerdo que lo puse en una bolsa de plástico, porque puede llover y las cosas se mojan. Se quedó así hasta que me animé a revolver en la maleta para sacar los recuerdos, sentir añoranza por partir de nuevo.

Con mi bebida espirituosa en mano –por supuesto, un buen mezcal– comencé a leer la increíble odisea de Fernando Jordán: un periodista de los años cincuenta, joven, viajero, crítico, aventurero que un buen día tuvo la ocurrencia de hacerse de un velero para recorrer el Mar de Cortés: primero por la costa de la península, para –ese era su plan– seguir por Sonora, Sinaloa, Nayarit, Michoacán, Guerrero y llegar hasta Guatemala.

Nunca pasó del lado peninsular, pero su empresa es una de las más maravillosas que he leído sobre el Mar de Cortés. Recuerdo que tiempo antes había leído la narración de Steinbeck ("Por el Mar de Cortés"), como acompañante de una misión de investigación que zarpó de la Alta California en un barco atunero. El del norteamericano es ya de por sí interesante, pues hace un relato pormenorizado de cada uno de los espacios que visita, pero sobre todo de la vida en el barco. También ilustra cómo desde 1940, japoneses y norteamericanos explotan los enormes yacimientos de peces de nuestras costas.

El de Jordán, en cambio, comienza desde el momento en que busca el velero, lo repara y decide partir con uno de sus amigos. Partida que se retrasa enormemente, porque el suyo es un periplo con ahorros personales, sin tecnología y con absoluto desconocimiento de corrientes marinas o práctica de navegación, aunque sea de un mar que parece en calma, pero que en el fondo es enorme, vasto, y tiene fuertes corrientes. Quien quiera leer algo más pormenorizado, lo podrá encontrar en mi blog personal (andaryego.blogspot.com). Escribí incluso una entrevista ficticia con él, con quien sentí una inmediata cercanía. Su texto me tuvo pasmado y tristemente arrepentido más de una semana.

Arrepentido, porque me dije que si hubiese tenido ese texto antes –desde La Paz– habría hecho todo mi esfuerzo por escarbar en el paso de Jordán por la península. Fue un hombre que se suicidó a sus cincuenta y tantos, después de una terrible crisis económica y de amor, pero que no obstante, contaba con habilidades ensayísticas y literarias únicas, además de haber descubierto personajes peculiares, como el piloto llamado "Pinocho", originario de Zitácuaro, Michoacán: un tipo que de forma completamente autodidacta construyó uno de los primeros aviones de México, aprendiendo a pilotearlo sin ayuda. Tal fue su fama que el ejército mexicano lo reclutó, hasta que decidió pedir que se le asignara la Baja California para su retiro.

Jordán narra con desparpajo todo lo vivido, así como decenas de historias de *otros*, conociendo islas de pescadores furtivos de tortugas que recogían centenares en una noche, de cazadores, de caminatas por la costa en busca de ranchos para conseguir carne. ¡Cómo has cambiado, Baja California!

Su mirada es crítica de la sociedad, como esta etapa en la que habla de huír de ella:

> Es posible que todo esto sea egoísmo; que nuestro pequeño mundo que hacemos el Pilo [su compañero de travesía], el Urano [nombre de la embarcación], Marina [una muñeca de trapo que les acompaña] y yo, sea resultante de un egocentrismo absoluto. Tal vez así sea. Pero, analizada esta reacción desde nuestro punto de vista, no puede ser más natural. Nuestro problema máximo, por ahora, es vivir [...] Mañana o pasado, de vuelta a la civilización, seremos otra vez, Pilo y yo, dos engranajes de una maquinaria inmensa que nos arrastra y nos lleva casi a su antojo, y Mariana pasará a ser una muñeca inanimada, sin espíritu y sin sonrisas. Pero por ahora, está aquí, sobre el Urano, en nosotros mismos, el centro del mundo, y si nuestro egocentrismo es ilícito e imperdonable no importa. (1995:127).

Lo que leía era un aliciente para volver. ¿Por qué –me preguntaba– no fui capaz de comenzar esta lectura antes? ¿Cómo es posible que lo haya dejado guardado para después?

Fernando fue sin duda uno de esos personajes con los que me habría querido cruzar: una persona para quien el cambio era un motor de vida; un itinerante, un aventurero… un experimentador que además amaba la escritura como medio de comunicación. Seguro también como una opción para no morir sin recuerdos.

Volver y escribir

Ésa era la misión: *veni, vidi, scribere*. Durante abril o mayo, una vez que terminé con Jordán, me dediqué a ordenar mis apuntes, rescatar recuerdos, revisar fotografías, plantear una ruta, un orden, agregar componentes. Me motivaba algo más que relatar lo que había vivido en *La Baja*. Sí, había mucho que escribir, pero ya había novelado un viaje motociclístico; ahora la intención era otra: más profundidad de análisis, más anécdotas, menos ego, más realidad: si Steinbeck o Jordán habían relatado lo que encontraron en el mar, yo quería ligar esta aventura con testimonios de migrantes, personas cuyo aprendizaje está en el andar.

Me decía que esos migrantes no eran el común de lo que veía en la ciudad o en los lugares donde había estado. ¡Qué difícil de explicar! O más bien sí: eran las mismas personas, pero en otras facetas: Agustín, el jardinero, dejaba de ser esa persona callada y silenciosa que hace su trabajo sin levantar la cabeza, para convertirse en el protagonista de una hazaña que ninguno de nosotros ha vivido; Fidel, el tendero, dejaba de ser el dicharachero vendedor de refrescos y cervezas para contar cómo había sido la huída por su vida en el cruce fronterizo; el otro Fidel dejaba de ser un bolero para convertirse en un aventurero de California. Los Juanes dejaban de ser "uno *de* miles", para ser "uno *entre* miles."

Hacia julio tenía el plan de trabajo diseñado. Me puse a armar los capítulos, el borrador, a escribir las primeras ideas, los esbozos, pensar en un título, imaginarme si llevaría fotos o no, si usaría seudónimos, o si redactaría y luego lo pasaría al respectivo personaje buscando su aprobación. Los últimos meses del 2019 escribí la introducción y un par de capítulos.

El trance de recordar, escribir y pensar siempre me gustó: son días en los que tienes la idea fresca, la pones en unas letras y la comienzas a desarrollar. A veces te encierras un viernes y no emerges sino hasta el lunes por la mañana; también puede ser que un día de semana prefieras no hacer otra cosa que escribir, porque como dijo Gabo: "si me ha de llegar la inspiración, que me encuentre sentado y escribiendo".

Tenía poco trabajo pero me sentía contento. El regreso siempre es un buen aterrizaje, aunque después tengas que enfrentar la dura realidad:

tiempos en que la cabeza viaja más lento que el cuerpo y se queda kilómetros atrás.

Mi periplo iba cumpliendo su objetivo: tres noches de hotel, hospedaje en casas de amigos o acampando, un libro en camino… No obstante, me preguntaba qué seguiría para el viaje como fenómeno: si ya era difícil abstraerse del teléfono, de los mapas, del individualismo, de lo planeado y ordenado, ¿cómo sería en el futuro? ¿Se podría aún ser capaz de perder el rumbo, de ser víctima de sus fallas y terminar donde no se había planeado?

En el presente, los errores solamente pueden ser autoinflingidos: sabotear las propias redes o los datos del móvil… Como reflexionó Hernán Casciari, con la existencia del celular se acabó el suspenso de los cuentos: ¿La caperucita perdida? ¿La reunión de los templarios de Provins fallida? ¿Hansel y Gretel abandonados en el bosque?

Me arrepentía de no haber tomado fotos de las camas en las que dormí, tan solo para marcar el trayecto de lo vivido, para señalar que sí, que aún es posible vivir y salir de la burbuja. Pensaba que si hubiese podido tomar esas instantáneas, algo así habría presentado:

- Una cama con un colchón que tiene un hoyo en el medio, para poder acomodar un aparato ortopédico; habitación contigua a la del dueño de la casa, separada por una cortina.

- Una cama cansada en un sofá metálico y ruidoso, una especie de tapanco; muchos libros, aparatos viejos y en desuso; un desván lleno de recuerdos.

- Una casa en una zona lujosa de Guadalajara, cama de lujo, cocina de último estilo. Baño propio, visita al club deportivo del residencial. Baño en Jacuzzi.

- La tienda de campaña. Viento que ulula, traje de motociclista en el piso, una colchoneta para aplanar y hacer un colchón más grueso. Encerrado en mi sleeping hasta la nariz, almohada hecha con mi toalla y ropa. Pies doblados, ante la brevedad de la carpa. La cabeza, helada, rozando la pared de la tienda.

- Una caja de fibra de vidrio sobre la que me recuesto sin quitarme el traje de motociclista. Frío con viento imparable. Ruido sordo de máquinas, gente circulando; una mano asegurando la maleta que guarda celosamente la cámara.

El primer paso, *presenciarlo*, se había conseguido. Restaba contarlo. Era cuestión de tiempo, paciencia, concentración.

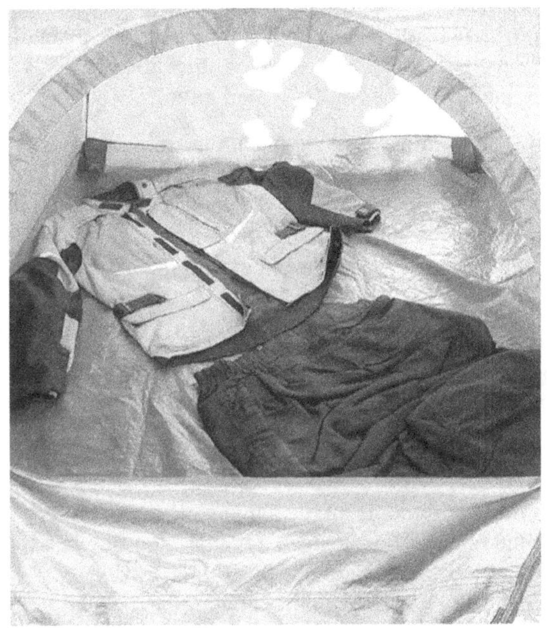

Ilustración 33. Debajo: el equipo de motociclismo.
Encima, la colchoneta.

Pandemia

En febrero de 2020 las noticias eran cada día más alarmantes: muertos, cuarentenas mundiales, viajes suspendidos, industrias en quiebra, crisis gubernamentales, investigaciones dispares, estados militarizados, cruceros que no podían desembarcar, aeropuertos cerrados... No sé si tenía más miedo que paranoia, o morbo que curiosidad. Es posible que haya sido el primer fenómeno que vivimos a nivel global, prácticamente al mismo tiempo, aunque por suerte, todavía con respuestas distintas.

No tengo el menor interés en regresar a ese episodio que algún día será juzgado por un tribunal independiente como el primer abuso mediático global, no obstante, reconozco que nos marcó a todos. Aunque me parece lo más cercano a una patética película de Hollywood en escenario mundial, también he de decir que marcó un antes y un después en la humanidad, justo cuando aún debatíamos si ya teníamos derecho a hablar del *antropoceno*, como la época en que el humano dejó una huella imborrable en el planeta. Nuestra participación en el proceso más masivo de extinción desde la última glaciación quedó, después de esto, bien grabada y confirmada.

El COVID-19 afectó mi concentración e inauguró un duro cuestionamiento: ¿Podríamos seguir viajando? ¿Deberíamos seguir haciéndolo, justo cuando lo que se evidenciaba era que nuestro altísimo nivel de consumo está matando el planeta? ¿Cuáles deberían ser las actividades prioritarias? ¿El ocio sería una de ellas?

Se instauró una ola de localismos que no solo ponen en riesgo el andar, sino nuestra apreciación del mundo: "menos viajes para cuidar<u>nos</u> y evitar contagios". ¿No es una negación del otro? ¿Dónde quedaba la oportunidad de intercambio cultural que abre las fronteras que tantos años hemos luchado en derrumbar? Los fascismos siempre se crean viendo al "*otro*" como el peligro a vencer.

El mutismo se apropió de mí. Era imposible encontrar concentración o un hito que motivase las ganas de contar algo que se evaporaba. A pesar de que podría ser también mi última travesía y solo por eso valdría la pena dejarla en los anales, no lograba redactar. ¿Conseguiría hacer algún día mi odisea a Shanghai en dos ruedas?

Dejé mis cincuenta páginas en un archivo. ¿Para qué retomarlas?

¿El final?

Tuvo que pasar más de un año. No solo para retomar este texto, sino para repensar la vida: si mi niñez fue desplazamiento, ése es el rumbo que tenía que seguir. Después de habitar diez ciudades, se imponía de nuevo partir. Soy éxodo y mi motor es el andar: como un dinamo, genero luz en movimiento; solo con ella alimento la lámpara que ilumina mis textos.

¿Madurar como acción y efecto de quedarse en casa, sentarse en la hamaca, tener un perro, una familia? Sigo sin estar listo y así lo escribí al retomar la escritura de esta crónica:

Si moverse es sentirse libre, ¿por qué lo hacemos tan poco? ¿Por qué dejamos que nos gane lo que urge, lo que deja, lo que no importa en términos reales, y hacemos de lado lo que filosóficamente nos hace mejores seres humanos?

Miles de inconformes vivimos camuflados bajo una piel de oveja sedentaria, estática. Escribo, como antes lo hicieron otros desencajados sociales, expatriados y aventureros, para dejar constancia del desacuerdo –un manifiesto, una nota discordante–, para aportar una sutil herencia a los que llegarán con ideas de vidas alternas: no, no tenemos que ser presas de una vida que encuadra.

Los viajeros inconformes hemos visto lo que está más allá del río que nadie quiso cruzar: los unicornios de Murakami, el Ukbar de Borges; el poblado de Los Pasos Perdidos, de Carpentier; el campo donde se ocultan los rebeldes del Fahrenheit de Bradbury... Espacios donde se crea la resistencia y se lucha por otro mundo. Somos, al fin y al cabo, herederos, guardianes de los sueños rotos de los que nos precedieron.

Pero no te engañes: no hay inconformes sin mecenas. Pregúntalo a Humboldt, a Chatwin, a Orwell, el que dormía con las pulgas en París, a Bolívar... ¿Marx sin Engels? Ying y Yang, las dos caras del mundo: sin rebeldes no hay mundos posibles. Sin la oscuridad, jamás habrá luz. Si quieres saber de dónde salió el crítico social, pregúntale a su familia conservadora.

La paradoja es inherente al ser humano: hay que destruir para construir. El cambio surge desde adentro: la Unión Soviética, el reino Maya, Persia, Roma... Es la escala de la vida. Big Bang, implosión y explosión.

Esta reflexión me hizo pensar que había llegado el momento de seguir con la escritura y la marcha: podía aborrecer la vacuna, el uso del cubrebocas o los engorrosos trámites, pero nunca podría separarme del viaje; es como el olor de la ropa en los mercados: siempre me hará recordar a mi abuelo y nuestra época de vendedores de zarapes.

En mi búsqueda personal, constato que los miedos –autoinflingidos o no– son, al mismo tiempo, fuerza y freno. La razón nos dice que se puede, mientras la comodidad y el temor nos devuelven al punto de partida. A veces el agnosticismo cede a la desesperación, y es justo en ese instante cuando debemos levantar la cabeza y seguir, actuar.

Por eso seamos incrédulos, avancemos en nuestras búsquedas: es tiempo de denunciar y debatir el abuso de quienes nos quieren pasmados y controlados. El mundo necesita una *Legión Viajera*.

Oaxaca, México. Octubre de 2021.

Agradecimiento

Siempre me sorprendo de lo larga que es la lista de créditos en una película, pero estoy seguro que si anotáramos los nombres de quienes participan en un libro –como actores o en su elaboración, edición, revisión y lanzamiento– también usaríamos varias páginas.

Gracias a todos ustedes, revisores, diseñadores, lectores, aventureros, migrantes, familia, amigos, Juanes…

¡Buen viaje!

La foto del antiturismo…

Selección de Posts en el Blog del Andaryego, sobre el viaje (Etiqueta #Baja2019)